DES MOYENS

DE RÉALISER

SUIVANT LE VŒU DE LA NATURE ET DE LA RAISON

LA LIBERTÉ.

DES MOYENS

DE RÉALISER

SUIVANT LE VŒU DE LA NATURE ET DE LA RAISON

UNE DES PREMIÈRES ET DES PLUS VIVES ASPIRATIONS DES TEMPS MODERNES

LA LIBERTÉ

ET D'ARRIVER, PAR SUITE

AU COURONNEMENT RÉGULIER DE NOTRE ÉDIFICE SOCIAL

A LA PACIFICATION DES PEUPLES

PAR

E.-J. SECHER

ANCIEN NOTAIRE A SAINT-GEORGES-SUR-LOIRE.

—————

ANGERS | **PARIS**

E. BARASSÉ, IMP.-LIB.-ÉDIT. | E. DENTU, LIBRAIRE-ÉDITEUR
Rue Saint-Laud, 83. | Palais Royal, 17 et 19
  | GALERIE D'ORLÉANS.

1870

A L'ÉDITEUR.

MONSIEUR,

Je viens, tout inconnu que je suis, vous demander si, en votre qualité de l'un des continuateurs de l'œuvre de Guttemberg, vous consentirez à me venir en aide pour la vulgarisation de l'idée déposée en germe dans l'écrit que je vous présente et de l'importance de laquelle la vue seule du titre placé en tête de cet écrit vous a déjà sans doute averti.

Par une sorte de scrupule que bien des gens ne comprendront pas, j'ai voulu, avant de faire cet effort — car la démarche que je fais en ce moment est pour moi un grand effort — j'ai voulu, dis-je, attendre que les élections de 1869 fussent entièrement terminées (1).

A de très-faibles exceptions près, nous avons tous,

______

(1) Le lecteur est prié de ne pas oublier que les réflexions qu'on lui soumet ici étaient, du moins pour la majeure partie, déjà couchées sur le papier avant le renouvellement du Corps législatif de 1869. D'autres motifs d'ajournement ont encore retardé la mise au jour du présent opuscule, notamment la crainte de faire obstacle au malencontreux plébiscite de 1870.

nous autres habitants des campagnes , plus ou moins contribué à l'établissement de l'ordre de choses actuel, à la fondation du gouvernement qui , en 1852, fut chargé de la haute et noble mission de présider aux destinées de la France. Il est vrai que signaler à quelqu'un les erreurs dans lesquelles il peut être tombé par le passé et celles qu'il paraît prédisposé à commettre à l'avenir, ce n'est pas se montrer son ennemi ; c'est, au contraire, en ayant le courage de lui dire la vérité, le meilleur moyen de prouver qu'on lui veut le plus de bien possible. Mais j'ai craint que par la manière dont — faute de mieux savoir faire — je dis parfois trop crûment et trop durement les choses, je n'eusse l'air de paraître travailler à défaire ce que nous avons fait, ou du moins de fournir des moyens d'attaque à ceux qui, au lieu d'affermir et de consolider, n'ont intention que de renverser et de détruire.

Aujourd'hui que les élections sont terminées, et que la voix plébiscitaire s'est fait entendre, mes scrupules n'ont plus de raison d'être. Tout au contraire, dans le moment actuel, il y a, ou il doit y avoir pour nous tous, qui que nous soyons , un très-puissant motif d'action dans le désir que tous nous devons avoir de venir en aide à la législature, qui est appelée à s'occuper des affaires du pays, pour qu'elle arrive enfin à nous tirer de l'état anormal dans lequel nous végétons , et que, pour le malheur de tous, elle ne finisse pas, elle aussi, par s'attirer le reproche d'impuissance que celles qui l'ont précédée ont plus ou moins mérité.

Il y a bien longtemps, en effet, qu'on parle parmi nous d'achèvement, de couronnement d'édifice, et ce couronnement, toujours promis, est aussi toujours différé ; toujours il se fait attendre, toujours la sœur Anne regarde et ne voit rien venir.

Pourtant il y a là souffrances réelles, véritables. Pourtant il n'est pas dans l'ordre naturel des choses, il n'entre pas dans les habitudes reçues, que, quand les gros murs d'un édifice important ont été élevés sous la direction d'un architecte habile, celui-ci attende quinze, vingt ans peut-être pour y ajouter le revêtement supérieur qui doit le compléter et le parfaire.

Sans parler des populations qui espéraient trouver un asile sous son toit hospitalier, de ces populations qu'on a vu animées, soutenues par une bonne volonté si robuste, mais qui, à défaut d'abri protecteur, restent depuis si longtemps exposées aux injures de l'air, à l'intempérie des saisons, et qui, — il faut bien le dire — en désespoir de cause, se trouvent à la fin forcées de tâcher de se protéger elles-mêmes comme elles peuvent, c'est-à-dire, d'aller chercher un refuge là où elles ne seraient certes point allées, si celui sur lequel elles avaient compté ne leur eût pas fait défaut ; sans parler de leurs souffrances et des inconvénients si grands qui en sont la suite, est-ce qu'on ne s'aperçoit pas, est-ce qu'on ne voit pas que, en lui-même et au point d'avancement où l'élan national l'avait poussé et où il l'a laissé, cet édifice gigantesque, aux proportions colossales, dont la première vue avait si fortement émerveillé le monde, sur lequel on avait tout d'abord fondé tant d'espoir, est loin, bien loin de gagner en valeur à attendre ainsi et indéfiniment qu'on l'achève ? Est-ce qu'on ne voit pas que ces murs d'abord si solides, sortis de terre comme par enchantement, bien mieux que ceux qui surgirent jadis aux accords de la lyre d'Amphion, exposés, comme ils le sont, à la rigueur du temps, battus par le vent et par la pluie, se moisissent et se lézardent, que sur plusieurs points ils paraissent surplomber et menacer de se disjoindre, et que même en quelques endroits une assez grande quantité de pierres s'en est déjà détachée ?

On peut donc dire, sans crainte de se tromper, qu'il est temps et grand temps d'ajouter à l'édifice le couronnement qui lui manque ; car à toujours différer, on courrait risque de voir à la fin que le couronnement ne pourrait peut-être plus porter que sur des ruines.

Mais s'il est indispensable que le couronnement s'effectue dans le plus bref délai possible, qui donc se chargera de la besogne ; qui sera de force à pouvoir l'exécuter, l'accomplir ? Par les précautions que, depuis dix-huit ans, nos législateurs prennent de toujours la reculer, la repousser devant eux, ne semblent-ils pas nous dire, en effet, qu'ils ne sont point de taille à le faire, et tout ce que nous voyons n'est-il pas de nature à nous faire croire que la nation seule pourra heureusement terminer ce qu'elle-même a si bien commencé ?

Il n'y a donc pas à balancer un instant ; il faut que parmi nous les hommes de bonne volonté s'entendent ; il faut qu'ils se liguent, qu'ils réunissent leurs forces pour une entreprise grandiose, pour une expédition telle que, désormais, et au point de civilisation où nous sommes arrivés, devraient être toutes les expéditions, c'est-à-dire une expédition pacifique, où la victoire ne s'achète point au prix du sang, mais cependant une expédition gigantesque, hors ligne, la plus importante peut-être par les résultats qu'elle peut donner, qu'il soit humainement possible de tenter, puisqu'il s'agit d'aller chercher, dans l'examen attentif, approfondi de l'ordre des choses, dans l'exploration du plan de la nature, le moyen d'arriver à combler enfin la lacune qui, d'après les principes mêmes de 89, existe encore dans notre législation et qui toujours met obstacle à ce que la liberté puisse définitivement s'acclimater dans notre pays ; lacune qui a été, est et sera pour nous, tant qu'elle n'aura pas été remplie, la cause, on ne dit pas seulement de perpétuelles agitations, mais d'indicibles, d'interminables souffrances, et trop souvent aussi de funestes, de déplorables catastrophes.

C'est cette expédition que je provoque; c'est cette croisade d'un nouveau genre que je prêche en cet écrit.

Si, à l'exemple de Pierre-l'Ermite, et comme ayant déjà aussi fait spontanément et en avant-coureur une première excursion à travers le pays où l'expédition devra être dirigée, je dépeins trop amèrement peut-être les abus, les maux, les souffrances que j'ai été forcé de voir; si, par mon franc parler, je fais des choses tristes, fâcheuses, presque intolérables qui se sont rencontrées sur mon passage, un tableau qui n'est pas flatteur, un récit qui, aux yeux de quelques-uns, paraîtra sortir par instants des bornes de la convenance, on sera forcé d'attribuer, du moins en grande partie, ce manque d'aménité, cette amertume, cette rudesse de langage, à la force de mes convictions et à la violence du choc qu'elles éprouvent nécessairement quand elles sont trop fortement heurtées par un courant contraire; mais on ne trouvera dans ce que je dis ni mauvaise volonté préconçue vis-à-vis de qui que ce soit, ni intention de blesser quiconque, par sa manière d'agir, ne porte pas préjudice à ses semblables.

Si, le long de la route que je parcours, je fais un peu dans tous les sens mainte et mainte évolution;

si je me laisse aller à des discussions qui peuvent paraître trop longues, hors de propos peut-être..... *nunc
non erat his locus.....;* si, en tel endroit, je m'arrête à
creuser, à fouiller le terrain sur lequel je marche, pour
m'assurer de sa solidité ; si, sur tel autre point, je
semble m'abandonner à la critique ; si je cite les
auteurs, si j'invoque l'autorité de l'expérience et de
l'histoire, je n'ai jamais qu'une seule intention, qu'un
même but, celui de tâcher de dévoiler la vérité et de
faire jaillir la lumière sur les côtés obscurs de la question que j'examine, afin de faciliter la tâche de ceux
qui, plus tard, voudront sérieusement et consciencieu-
sement chercher à la résoudre.

Si enfin lorsque pour mettre, comme on dit, le
doigt sur la plaie et faire comprendre où il convient
que le remède soit appliqué de préférence, la fantaisie
me prend d'apprécier, de loin, en termes généraux,
quelques-uns des actes dont, en l'ordre politique et
moral, nous sommes trop souvent les témoins passifs ;
si, lorsque je m'attache à faire tout purement et simplement parler les faits qui se passent sous nos yeux, j'arrive naturellement, forcément, à être obligé d'employer
des expressions dures, de dire peut-être des vérités
blessantes, est-ce que c'est ma faute, à moi, qui ne
fais point, qui ne veux point faire, et qui, du reste, ne

pourrais jamais, je crois, apprendre à faire le métier de flatteur, de courtisan ?...

Quand la vérité offense ; quand le langage des faits blesse, n'est-ce pas la meilleure preuve que quelque chose et a besoin d'être redressé ?...

Ainsi donc, et quel que soit le point de vue où l'on voudra se placer, il ne me semble pas possible que ma bonne volonté doive être un seul instant mise en doute ; et j'ai tout lieu de croire que, pour le fond, ou plutôt à cause du fond, l'on voudra bien innocenter la forme, oublier ce que celle-ci pourrait avoir de trop abrupte.

Est-ce que c'est pour moi, qui suis encore timide et inexpérimenté dans l'art de penser tout haut devant le public, qui, pour la première fois et afin d'obéir à une pression intérieure, suis obligé de me hasarder à lancer du fond de la campagne, c'est-à-dire du sein de l'ignorance, — pour employer l'expression gracieuse dont on se sert, quand on veut nous qualifier, nous autres campagnards, — qui suis obligé de me hasarder, dis-je, à lancer mes idées devant les savants du jour, et même à avoir l'audace de ne pas être quelquefois d'accord avec eux ; oui ! est-ce que c'est pour moi, nouvelle recrue de l'armée intellectuelle, soldat novice, qui ne suis encore ni habitué à distinguer le ton du commandement, ni rompu au maniement des armes, qu'il est possible qu'on ait des rigueurs telles qu'on ne me pardonnerait pas de dire, hors de propos peut-être, en termes peu parlementaires quelquefois, des choses qui cependant peuvent être utiles et dans lesquelles il y a certainement du bon, lorsque bien des gens qui depuis longtemps parlent devant le public et dont il boit avec avidité, pour employer le langage du poëte, les paroles ou les écrits, débitent journellement tant de fadaises, disent, avec mauvaise intention, tant de choses qui ne valent rien, et que pourtant on laisse passer ? Il n'est pas possible que, pour mon compte, je me décide à le croire, au moment surtout où il est question d'installer parmi nous la liberté.

Du reste, Monsieur, si vous ne craignez pas de vous associer à mon entreprise, et si, dans les déboires que nous pourrons rencontrer de la part d'intérêts mesquins qui, de quelque côté que ce soit, viendraient à se trouver froissés, il arrive qu'on nous menace ; si les gens de notre époque, moins bien inspirés que les sénateurs de l'ancienne Rome, se taisant, se recueillant devant la mâle éloquence du paysan du Danube, et recevant avec calme et résignation tous les traits des dures vérités qu'il leur décoche, l'un après l'autre, en pleine poitrine, viennent nous dire que nous sommes blessants, outrageants, que nous passons les bornes, alors nous tâcherons d'avoir le courage de faire comme ce singulier, je dirais presque cet héroïque personnage, lorsque se couchant à terre devant ceux en présence desquels il était venu soulager sa conscience, il leur dit avec un admirable stoïcisme :

> J'ai fini. Punissez de mort
> Une plainte un peu trop sincère ;
>
> (La Fontaine, liv. XI, fab. 7.)

ou, si vous l'aimez mieux, nous imiterons ce grec intrépide, mais convaincu, sur lequel son adversaire tenait déjà le bâton levé ; et, comme lui, nous nous contenterons de dire, sans reculer : frappe, mais écoute ; *percute, inquit Themistocles, sed audi* ; car il faut avant tout et malgré tout chercher le bien de la France et faire en sorte qu'au lieu de continuer à s'affaisser, à marcher vers la dégénérescence ou la décadence, comme elle fait depuis quelque temps, elle reprenne sa place à la tête des nations civilisées et qu'elle redevienne encore le porte-flambeau de l'humanité.

J'ai l'honneur d'être avec une parfaite considération,

Monsieur,

Votre très-humble serviteur,

E. S.

DES MOYENS

DE RÉALISER

SUIVANT LE VŒU DE LA NATURE ET DE LA RAISON

UNE DES PREMIÈRES ET DES PLUS VIVES ASPIRATIONS DES TEMPS MODERNES

LA LIBERTÉ

et d'arriver, par suite

AU COURONNEMENT RÉGULIER DE NOTRE ÉDIFICE SOCIAL

A LA PACIFICATION DES PEUPLES.

PREMIÈRE PARTIE.

Je ne suis ni un Galilée, ni un Christophe Colomb ; cependant — et bien que, dans la circonstance, une répulsion personnelle d'autant plus forte qu'elle a plus de raison d'être, soit encore à surmonter, à l'encontre de ce haïssable moi, que Pascal ne pouvait tolérer, mais qu'il a été ici impossible de faire disparaître, de remplacer, et que, par ce motif, on se décidera peut-être à excuser, à laisser passer — cependant je ne puis m'empêcher de dire que, moi aussi, j'ai une idée, et une idée qui me poursuit, qui me tourmente. Cette idée revêt même, devant mes yeux, une telle importance ; elle me paraît avoir une portée si grande, être appelée à jouer un rôle si considérable dans l'œuvre, déjà tant de fois tentée, de la solidification des sociétés modernes, que je croirais trahir la cause de l'humanité, qui, en définitive, est celle de nous tous, si, au risque de me rendre ridicule aux yeux de quelques-uns, je n'essayais, tant bien

I.

Celui qui, en réclamant l'indulgence du public, soumet ces lignes à sa bienveillante appréciation, est possédé d'une idée qu'il ne lui est pas possible de taire ou de tenir cachée.

que mal, de la vulgariser ; et si, pour arriver à la faire accepter, à la faire entrer dans la pratique, je ne tâchais d'a-
bord de la faire apprécier, de faire juger de sa valeur.

II.
La liberté a cessé de lui être antipathique ; loin qu'il la craigne et qu'il la redoute comme autrefois, il la tient aujourd'hui en haute et très-haute estime : comment s'est opérée sa conversion subite.

Chose étrange ! moi qui jusqu'ici avais toujours eu une certaine antipathie pour la liberté, — car, bien que le mot soit lourd et difficile à prononcer une première fois pour celui qui aborde une semblable question, c'est bien effectivement de la liberté qu'il s'agit ici, — moi donc, qui toujours l'avais eue en suspicion, à cause, sans doute, de l'abus que tant de fois on en a fait, moi qui la craignais, qui la redoutais à cause de tant d'excès qui ont été commis en son nom, non-seulement je suis revenu vis-à-vis d'elle de mes appréhensions, de mes terreurs ; mais, si je ne craignais de paraître trop prétentieux, peut-être outrecuidant, en employant une semblable manière de parler, je dirais que je suis aujourd'hui à son égard dans des dispositions analogues à celles où était, à l'égard de la doctrine chrétienne, l'apôtre saint Paul, lorsqu'après avoir été renversé, terrassé par la vérité sur le chemin de Damas, il en revint, au lieu de persécuteur qu'il était auparavant, le propagateur le plus ardent, le plus infatigable, le plus convaincu.

Oui ! la liberté sainement interprétée, convenablement appliquée, est la première condition de la tranquillité des Etats, de la stabilité des Empires ! Tant que ceux-ci ne la possédent pas, il est nécessaire qu'ils éprouvent des secousses, qu'ils ressentent des commotions, parce qu'ils ne sont pas dans leur assiette naturelle, parce qu'il manque, pour eux, quelque chose d'essentiel aux conditions de la vie normale. Oui ! la liberté, mais la vraie liberté, la liberté pour tous, est le meilleur outil, l'instrument obligé, nécessaire, indispensable, à l'aide duquel seul s'élaborera, dans la limite du possible, le perfectionnement humain !

Son règne, en un mot, est le refuge, le port de salut des individus, des sociétés, de l'humanité tout entière.

Comme la religion, dont trop souvent aussi on a abusé pour porter les hommes à s'entre-déchirer, à se détruire, la liberté sociale devait également, de son côté, ne leur apporter que des biens, ne leur procurer que des avantages. Son rôle était d'être la grande bienfaitrice de l'espèce humaine. Si tant d'efforts faits et tentés sur notre infortunée planète, principalement dans notre beau pays de France, pour arriver à la possession de cette précieuse liberté, ont presque toujours été déçus, trompés, cela vient de ce que l'on s'est mépris à son égard, c'est-à-dire, de ce qu'on ne l'a pas connue. En courant après ce qui n'était qu'un fantôme, on a traîné son image auguste, véritable, dans la boue, quelquefois même dans le sang.

Mais, de même que, grâce au progrès qui s'est opéré dans les idées, les guerres de religion ne sont plus de notre temps, de même aussi l'heure est venue où la liberté doit cesser d'être parmi les hommes une cause de désunion, un sujet de discorde et de guerre ; l'heure est venue où, à moins de vouloir courir tête baissée vers un cataclysme épouvantable, tous doivent s'entendre et se rallier à l'appel, enfin mieux compris, de sa voix puissante et sympathique.

A cet égard, ma conviction est si bien formée ; je suis tellement convaincu, je ne dirai pas de l'innocuité de la liberté équitablement repartie, pondérée, mais de sa valeur intrinsèque, et de la puissante efficacité de l'action que, sous tous les raports, elle est appelée à exercer dans l'œuvre de la bonification de notre espèce, que, si j'avais à ma disposition les cent bouches de la Renommée, je m'en servirais, non pour chercher à la décrier, non pour inspirer de la méfiance contre elle, mais pour la préconiser, pour célébrer ses louanges, pour vanter ses bienfaits, pour tâcher de lui gagner en même temps et le cœur des peuples, qui sont parfois si difficiles à gouverner, et celui des chefs, qui ont par moments tant de peine à les diriger, à les conduire. La condition des uns et des autres en serait singulièrement améliorée.

Si on connaissait la liberté; si on savait quelles garanties de sécurité elle porte avec elle; si on voyait les biens de toute sorte, dont ses mains sont pleines, et qu'elle est prête à verser dans les nôtres, dès que nous voudrons, dès que nous saurons en profiter, on reconnaîtrait que quand on parle mal d'elle, on la calomnie; on serait forcé de convenir que jusqu'ici on l'a méconnue, qu'on a pris pour son image respectable ce qui n'en était le plus souvent qu'une indigne et basse contrefaçon. Encore une fois, on craint la liberté, on la maudit, parce qu'on ne la connaît pas; on pousse même l'injustice à son égard jusqu'à lui imputer le mal qui ne vient pas d'elle, qui n'est pas son fait.

On reprochait à un peintre de l'antiquité de donner à ses portraits l'air et la ressemblance des femmes qu'il aimait. N'est-on pas en droit de reprocher, de notre temps, à la plupart de ceux qui parlent de la liberté, de ne la comprendre qu'à leur point de vue, de ne nous la représenter aussi que suivant leur caprice et au gré de leur fantaisie. Janus avait, dit-on, deux figures, une par devant, une autre par derrière; la liberté, elle, paraît en avoir bientôt autant qu'il y a d'individus qui entreprennent de nous la faire connaître. Ces individus, ne prêtant qu'une attention superficielle et incomplète à l'objet qu'ils ont la prétention de nous faire voir, prennent pour l'image réelle celle qu'ils ont à la hâte bâtie dans leur imagination, et soutiennent cependant que c'est la véritable. De là vient qu'on fait prendre à la liberté toutes les formes, excepté peut-être la seule qui lui convient. C'est à la diversité des figures, plus ou moins grimaçantes, sous lesquelles on nous la montre, et à l'examen auquel je me suis livré pour trouver la cause de cette bizarrerie, que je suis, je crois, redevable de ma conversion subite.

Je me suis dit : les manières si multiples, si diverses, si opposées, dont les hommes entendent la liberté, appliquée aux sociétés dites républiques, royaumes, empires, etc., qu'ils ont formées dans le but de s'entr'aider, de se protéger, de se défendre ; la distribution si inégale, qui, par suite, en a été faite à ces sociétés pendant le cours des siècles ; les inconvénients si nombreux, si graves, qui sont résultés de cette fausse répartition, impliquent qu'il doit y avoir là un malentendu. Parmi ceux qui parlent si diversément de la liberté et qui tous croient avoir raison dans leur sens, il y en a pourtant un certain nombre, peut-être beaucoup, qui se trompent et qui ne la connaissent pas. Cette erreur, dans laquelle les hommes seraient tombés au sujet de la liberté, a peut-être fait que, dans l'organisation des sociétés, le plan de la nature n'a pas été bien compris, que ses vœux ont été mal interprétés : de là vient, peut-être, que l'humanité s'est fourvoyée, qu'elle a tâtonné et qu'elle tâtonne encore en dehors du sentier de la lumière, de la vérité, de la raison.

En conséquence, j'ai essayé de me rapprocher de la nature ; je l'ai consultée, interrogée ; j'ai appelé la lumière, j'ai cherché la vérité, et peu à peu la lumière s'est faite ; peu à peu les nuages qui m'empêchaient de voir, se sont écartés ; à une clarté faible d'abord a succédé une clarté plus vive ; puis enfin le grand jour est venu, et la vérité m'a subjugué, terrassé, si bien qu'au lieu de hocher la tête à me démettre les épaules, et d'être toujours prêt, comme auparavant, à me mettre intérieurement en colère, quand je voyais les écrivains de notre époque parler d'ère nouvelle,

III

Voyant de quelles façons multiples, diverses, opposées, la liberté est interprétée par des hommes, qui tous cependant croient avoir raison, chacun dans son sens — ce qui implique que nécessairement il y a là méprise, mal entendu — il a essayé, pour arriver au nœud de la difficulté, de descendre au fond des choses, en s'efforçant de prendre pour guide, non pas simplement l'imagination, comme font trop souvent les écrivains de notre temps, mais le bon sens, la raison.

de terre promise, où la liberté et le progrès devaient nous faire arriver et nous conduire, je viens tout bonnement dire que cette annonce d'une ère nouvelle n'est pas un leurre, que cette terre promise qu'on nous faisait entrevoir, n'est pas une terre de fantaisie, et qu'elle existe réellement. Descartes disait : je pense, donc que j'existe ; moi, je dis, avec autant de certitude : cette terre existe, car je l'ai vue ; seulement elle ne se trouve pas sous le degré de latitude où quelques explorateurs avaient cru prématurément qu'elle était située.

On dira sans doute que je suis un charlatan, un visionnaire, un utopiste. J'avoue que j'ai été le premier à me demander si on ne serait pas en droit de m'adresser un semblable reproche. Mais le retour qu'une telle crainte m'a obligé de faire sur moi-même, a bientôt dissipé mon inquiétude. J'ai remarqué que mes idées n'étaient pas trop décousues ; j'ai vu qu'il y avait entre elles de la cohésion, de la suite ; ainsi, j'ai été amené à reconnaître que mes affirmations avaient leur raison d'être dans la nature des choses, et forcé, par conséquent, de croire que le fondement sur lequel elles reposent ne manquait pas de solidité. Cette assurance me vient sans doute de la précaution avec laquelle je m'applique à ne marcher que terre à terre, et en prenant soin, quand un passage difficile se présente sur la route, de ne poser le pied que sur le solide.

A l'inverse du mode de pérégrination intellectuelle adopté par un grand nombre de nos contemporains, qui voyagent l'un autour de sa chambre, l'autre autour du monde, ceux-ci dans la lune ou dans le soleil, ceux-là ne sachant peut-être pas où quelquefois, c'est-à-dire à peu près partout où le caprice de leur imagination les emporte, moi, je m'efforce de voyager sur la grande route du bon sens, de la raison. Je dis que je m'efforce d'y voyager ; car, bien que ce soit là pour nous la première, la principale route, celle sur laquelle nous devrions avant tout nous habituer à cheminer, on peut affirmer qu'elle est loin d'être aussi fréquentée qu'on pourrait le croire, et que souvent même il est assez mal aisé de la reconnaître et de la suivre.

Sur la plus grande partie de son parcours, cette route se trouve, en effet, dans un état d'entretien, on pourrait même dire d'achèvement, qui laisse grandement à désirer. Les anciens fossés qui avaient été primitivement creusés pour la délimiter et l'assainir, sont en partie comblés : en bien des endroits ils ne sont presque plus apparents, tant leur emplacement a été changé, avancé, reculé, tantôt dans un sens, tantôt dans un autre. Parmi les poteaux qui, de distance en distance, y avaient été placés, avec des inscriptions pour renseigner les voyageurs, les uns ont été brisés et ont disparu ; d'autres sont ébranlés et à moitié renversés : quant à ceux qui sont encore tout à fait debout, leurs écriteaux noircis, presqu'effacés par le temps, sont devenus pour le passant, qui les interroge, comme des hiéroglyphes, auxquels il ne peut bientôt rien comprendre, qu'il ne sait le plus souvent de quelle manière déchiffrer.

Mais ce qui, pour le malheureux voyageur qui se trouve engagé sur une telle route, est plus que tout le reste de nature à causer sa perplexité, à augmenter son embarras, c'est la divergence des renseignements que lui donnent presque de tous les côtés à la fois ceux qui pourtant semblent placés là, devant lui, tout exprès pour qu'il les consulte, c'est-à-dire, les écrivains, les savants, les publicistes, qu'il est tout naturellement porté à regarder comme les employés, comme les agents particuliers, auxquels la surveillance et le soin de cette spécialité de la voirie publique incombent. Il les entend, en effet, qui l'appellent, ceux-ci dans une direction, ceux-là dans une autre : nul accord dans leur langage, nulle entente entre eux ; quelques-uns vont même jusqu'à lui dire qu'il n'a pas besoin qu'on le renseigne, et qu'il lui suffit tout bonnement de ses instincts, de sa lumière naturelle, pour se guider, pour se conduire. Aux yeux de ces derniers, les mesures de précaution et de prévoyance que, dans le passé, on avait crù devoir prendre dans l'intérêt du voyageur ; ces motifs d'encouragement qu'on faisait briller devant ses yeux ; ce phare lumineux qui, placé à l'extrémité de la route, projetait sur toute son étendue une clarté qui n'était pas sans utilité pour ceux que, trop souvent, on y voit cheminer avec tant de peine ; ces indications, ces barrages, qu'on avait établis, pour l'avertir ou l'arrêter, devant les passages difficiles ou dangereux ; ces parapets, qu'on avait élevés sur le bord des précipices, pour l'empêcher d'y tomber ; tout cela, pour eux, est devenu inutile. Aussi, ils sapent, ils démolissent, ils renversent à peu près tout ce qu'ils rencontrent, sans avoir rien à mettre à la place de ce qu'ils détruisent, sans se demander comment pourront passer ceux qui viendront après eux.

Et cela, au moment où l'on avoue que le peuple manque de lumière, au moment où l'on reconnaît qu'il est encore tellement dépourvu d'instruction que quelques-uns vont jusqu'à demander une loi qui autorise à ingurgiter, bon gré, mal gré, dans son sein, une sorte de nourriture intellectuelle, que, suivant d'autres, il repousse d'instinct, parce que, aux éléments qu'on voudrait faire entrer dans la composition de cette nourriture indigeste et à la manière dont on a la prétention de le forcer à l'absorber, il sent d'avance qu'elle n'est pas saine, et qu'elle n'irait pas à son tempérament ! Puis, comme si l'on cherchait à rendre plus inexplicable encore la conduite que l'on tient, et à faire ressortir davantage ce que paraît impliquer d'inconciliable une telle manière d'agir, un certain nombre s'efforcent de persuader aux masses qu'on n'a plus le droit de les tenir en tutelle, que l'heure de leur émancipation est venue, quand, de l'aveu de tous, elles se trouvent encore plongées dans les ténèbres de l'ignorance, et qu'il est même certain qu'elles y resteront toujours plus ou moins, puisque nous voyons malheureusement tous les jours que ceux qui ont acquis la science jusqu'a un certain degré, et qui possèdent l'expérience, s'en vont, disparaissent, tandis que trop souvent il arrive que ceux qui viennent prendre leur place n'ont pas assez vécu pour posséder l'une et l'autre. C'est dans de semblables conditions, c'est-à-dire en présence de cette inexpérience qui se perpétue et se perpétuera toujours, en présence de cette ignorance qui renaît et se renouvelle à mesure que les populations surgissent, qu'on parle de les émanciper, qu'on veut les habituer à marcher seules et à se passer, comme on dit, des lisières qui jusqu'ici les avaient soutenues.

Mais, s'écrient ceux qu'une telle manière de comprendre la liberté effraie, on veut donc que cette multitude qu'on sait, qu'on dit encore inexpérimentée, aille tout droit au précipice ! En perpétuant les causes des révolutions, on veut donc amener de nouveau, et cela indéfiniment, ces fragiles pots de terre, qui s'appellent têtes humaines, à se heurter, à se fracasser misérablement et sans utilité aucune, dans le choc auquel le vent de la discorde ne manquera pas de les pousser encore les uns contre les autres !

Pas du tout, répondent les partisans du progrès avancé ; nous nous trouvons en ce moment, ajoutent-ils, dans une période de transition, dans une phase de transformation sociale. L'espèce d'obscurité dans laquelle nous nous débattons et qui fait que nous avons encore de la peine à nous reconnaître, n'est que le prélude du grand jour qui doit venir nous éclairer. Les éléments sociaux présentent en ce moment parmi nous l'état discordant dans lequel se trouvaient les principes des choses avant que le *fiat lux* se fût fait entendre... *Non bene junctarum discordia semina rerum :* mais laissez un peu le soleil de la la liberté projeter sur cette masse inerte, informe, ses rayons vivifiants, et bientôt il l'aura réchauffée, animée ; et le cahos se débrouillera, et la lumière jaillira de son sein...

En attendant, et quoiqu'il en soit de ce croisement d'idées, de cette divergence d'opinions et de langage, il faut se conduire, il faut vivre, il faut agir... Et si les chefs de file ne sont pas d'accord sur la direction qu'il convient de prendre ; si, à cet égard, ils en sont encore à se disputer, à se quereller entre eux, comment donc feront ceux qui les écoutent ou les regardent faire ? Comment fera le peuple, qu'ils prêchent d'une façon si peu uniforme, on peut même dire si opposée ? Comment feront les simples, les ignorants, sur le sort desquels on les entend de temps en temps s'apitoyer en termes si touchants ? De toute nécessité, ils feront ce que malheureusement on commence à ne faire déjà que trop parmi nous : ils s'en iront à la débandade, dans toutes les directions ; ils erreront à l'aventure comme des brebis égarées.

V.
Comparativement aux voies de locomotion physique, matérielle, les voies de commotion intellectuelle, si cette locution est permise, sont chez nous dans un état pitoyable et ont grand besoin d'être améliorées ; mais ici le premier tronçon de route à faire est celui qui doit traver-

L'incertitude, le tâtonnement, la divagation, tel est en effet le spectacle que présente aujourd'hui notre société, qui pourtant se croit si sûre d'elle-même, qui paraît si avancée. Par une singulière anomalie, qui, aux yeux de quelques-uns, semblera peut-être la négation des progrès que nous prétendons avoir réalisés ; si, chez nous, les voies de la locomotion physique, matérielle, c'est-à-dire, nos canaux, nos grandes routes, nos chemins de fer sont dans un état d'avancement relativement satisfaisant, les voies de locomotion intellectuelle, s'il est permis de s'exprimer ainsi, se trouvent dans un état pitoyable. Sous ce dernier rapport, on dirait que nous en sommes encore à la tour de Babel. Pour nous, la grande route du bon sens, de la raison, paraît être encore à l'état rudimentaire. Point de plan fixe, point de tracé définitivement adopté ; nul ingénieur autorisé, nul entrepreneur en chef : tout est aux mains du premier venu.

S'il passait par la tête de quelques individus de changer au gré de leur fantaisie la direction donnée à nos chemins de fer, à nos grandes routes ; si on les voyait, armés de leurs pioches, venir brutalement bouleverser les plans savamment étudiés de nos ingénieurs, planter, à tort et à travers, leurs jalons dans des directions absurdes, impossibles ; substituer, aux tracés adoptés au point de vue de l'intérêt général, des tracés à courte vue, qui le plus souvent ne donnent satisfaction qu'à l'intérêt particulier, et qui, par suite, ne concordent et ne s'adaptent ni avec le commencement ni avec la fin, assurément on arrêterait ces nouveaux vandales ; on ne les laisserait pas poursuivre leur œuvre de destruction, et, avant de songer à les punir, on se demanderait sans doute si ce n'est pas dans une maison de fous qu'il conviendrait plutôt de les enfermer.

Eh bien ! dans l'ordre intellectuel et moral, on se montre infiniment plus indulgent : on laisse faire, ou plutôt on ne se contente pas de laisser faire, on rit ; quelquefois même on encourage, on applaudit !....

Est-ce à dire qu'on pourrait également se croire en droit de taxer de folie, sinon les spectateurs qui applaudissent, — bien qu'en cela ils ne se montrent guère sensés, eux aussi, — du moins les démolisseurs qui, comme d'autres Erostrates, cherchent *per fas et ne fas* à parvenir à une déplorable célébrité ? C'est là une question à laquelle il est bon de laisser chacun libre de répondre comme il l'entendra, en consultant sa propre conscience. Nos nerfs sont si délicats, notre susceptibilité est si grande, qu'il y a des vérités que nous ne pouvons souffrir qu'on nous dise. Celui qui, avec la meilleure volonté du monde, a le courage de se montrer un peu sévère dans ses appréciations et de signaler les déviations qu'il croit apercevoir, a le triste privilége de soulever aussitôt contre lui une foule de récriminations. Tout de suite, c'est un oiseau de mauvais augure, un moraliste à figure triste et morose, qui voit tout en noir et ne comprend rien aux choses de son temps....

Cependant, si nous sentons que le terrain sur lequel nous marchons tremble et enfonce sous nos pas; si nous nous apercevons que nous tournons le dos à la raison, la prudence la plus élémentaire nous ordonne de nous arrêter pendant qu'il en est temps encore. Il ne suffit pas que nous nous jetions tête baissée dans ce qu'il plaît à quelques-uns d'appeler le progrès, sans nous occuper de savoir où ce progrès nous conduira. La moindre chose qu'on puisse demander à des êtres raisonnables et qu'on soit, ce semble, en droit d'exiger d'eux, c'est qu'ils aient le courage de désirer savoir où ils vont; c'est qu'ils ne soient pas insouciants au point de ne pas même se demander où on les mène.....

Assurément, on ne veut point ici dire du mal du progrès; on désire encore moins s'y opposer. Le progrès est une chose bonne, une chose sainte. La loi du progrès, c'est la loi de la nature, la loi de Dieu, qui veut que l'homme s'améliore, se perfectionne au physique comme au moral. Mais, dans notre amour du progrès, ne soyons pas inconsidérés. N'allons pas nous fourvoyer, et, comme on dit vulgairement, craignons, oui, craignons de brider à gauche...

En voilà, ce semble, plus qu'il ne faut pour démontrer que je ne m'étais pas trop avancé en affirmant ci-dessus que chez nous les voies de locomotion intellectuelle sont dans un état pitoyable, que le plus souvent on y marche à l'aventure, et qu'il serait par conséquent grand temp qu'on essayât de porter remède à un si fâcheux état de choses, en posant devant nos pas, d'une manière fixe, inébranlable, les premiers, les principaux jalons de la grande route du bon sens, afin, du moins, que ceux, à qui il prendrait envie d'y cheminer, puissent la suivre, sans être comme aujourd'hui, en quelque sorte, dans l'impossibilité de la reconnaître. L'amélioration de la race humaine, dans ce qu'elle a de meilleur, de plus important, mérite qu'on s'occupe d'elle autant et plus encore que celle des races chevaline, ovine, bovine, porcine, etc., etc., vers laquelle nous dirigeons tant d'efforts, à laquelle nous prodiguons tant de peines, tant d'encouragements.

Et il semble qu'il n'est pas besoin d'une grande sagacité pour reconnaître que la première partie de la route en question, qu'il est urgent de faire, que le premier tronçon que nous devons livrer à la circulation publique, est celui qui doit traverser le terrain, déjà pas mal étendu, compris dans le domaine de la question de la liberté. Ensuite, les autres questions, — instruction primaire, plus ou moins gratuite et obligatoire, etc., etc., — viendront à leur rang. Mais n'allons pas nous mettre dans la tête d'élever un édifice qu'aucun fondement solide ne soutienne, et ne perdons pas de vue que dans la solution de la question de la liberté, doit se trouver quelque chose comme le point de départ, ou, si l'on peut parler ainsi, la tête de la grande route du bon sens, de la raison.

C'est donc, sinon en suivant cette route, — puisque dans bien des endroits son tracé n'est pas même apparent, — du moins en tâchant de marcher sur le terrain qu'elle semble devoir occuper, que, comme le navigateur qui, pour se diriger sur la vaste étendue des mers, où il erre au gré du vent, tantôt consulte sa boussole, tantôt lève ses regards

VI.

C'est, en s'efforçant de marcher dans la direction que cette route doit suivre, sur l'emplacement qu'elle lui semble devoir occuper, que celui qui trace ces lignes est arrivé à un point culminant d'où il lui a été donné de voir, de contempler la terre promise, le pays de la vraie liberté ; mais comme il n'a pas cru que sa reconnaissance ou sa prise de possession pût être utilement effectuée par un seul individu, il s'est hâté de revenir sur ses pas, pour chercher de l'aide et demander du renfort.

vers le ciel, et cherche à y découvrir les astres qui l'aideront à reconnaître la direction qu'il doit prendre.

. . . . *Astra*

Quærens, astra viam navi monstrantia certam;

C'est, dis-je, en cheminant tant bien que mal sur ce terrain mouvant, vague, mal délimité, en cherchant à m'y orienter à l'aide de points de repère observés avant le départ et que j'avais garde de ne perdre de vue, que je suis arrivé sur une espèce d'élévation, à un point culminant, d'où il m'a été donné, en portant les yeux à l'horizon, d'apercevoir dans le lointain, de reconnaître enfin et de contempler le pays de la vraie liberté, la terre promise, dont je parlais plus haut ; du moins, c'est là ma conviction intime (1). Mais comme une reconnaissance de l'importance de celle dont il s'agit ici ne peut être utilement ni valablement faite par un seul individu, je me suis empressé de revenir sur mes pas, pour chercher de l'aide, pour demander du renfort.

---

(1) Cette manière de parler semblera peut-être trop présomptueuse : peut-être trouvera-t-on qu'elle promet trop, qu'elle est imprudente, téméraire. Peut-être, en répétant le mot de Salomon, dira-t-on, que déjà tout a été expérimenté ici-bas et qu'il n'y a plus rien de nouveau sous le soleil. Comment donc faire, car je ne connais qu'une façon de dire la vérité ; et ici je n'invente pas : j'observe, je regarde, et tout simplement je raconte ce que je vois.

Des joueurs d'échecs sont autour d'une table. Par dessus l'épaule de l'un d'eux, je vois, à la manière dont il fait avancer ses pièces, qu'il commet tout d'abord une faute grave, qui bientôt est cause que pour lui la partie est perdue..... A plusieurs reprises, lui ou ceux qui le remplacent veulent drendre sa revanche, et, en tombant toujours ou à peu de choses près dans la même faute, toujours aussi ils arrivent à un mauvais résultat. Dira-t-on qu'il y a de ma part témérité à dire que j'ai aperçu, ou du moins que j'ai cru apercevoir une manière de faire manœuvrer leurs pions qui les eût empêchés de perdre ? Est-ce que toutes les combinaisons de l'échiquier ont été épuisées ; si elles l'ont été, soutiendra-t-on que la connaissance en a été conservée, retenue, de manière qu'elle se trouve dans la mémoire des différents joueurs qui se succèdent ?

Pareillement, si toutes les formes gouvernementales ont été essayées, peut-on dire que ce qu'il y a de meilleur a été mis à profit, conservé,

Donc, c'est en vue de trouver cette aide, pour tâcher de recruter ce renfort, que je me hasarde à rendre aujourd'hui public le récit qu'on a sous les yeux ; c'est dans ce but que je viens faire une sorte d'appel à tous ceux qui voudront prêter la main à une œuvre qui peut avoir des conséquences dont il est impossible de mesurer la portée, c'est-à-dire, d'abord à l'autorité, au pouvoir qui s'y trouve, ce semble, des premiers intéressé, ensuite aux individus, aux simples particuliers, qui tous aussi ont là un intérêt marqué, et spécialement aux savants, aux écrivains, aux publicistes, qui, en quête le plus souvent de sujets sur lesquels il leur sera loisible d'écrire, de broder à leur aise, trouveront là, toute prête, une occasion favorable, utile, sérieuse, d'exercer leur talent.

Me serais-je trompé ? Dans mon enthousiasme factice, aurais-je vu les choses à travers un verre grossissant ? Si, pour moi, il est de toute impossibilité que je me décide à le croire ; si, à raison du soin consciencieux, minutieux, avec lequel ont été entreprises et poursuivies pas à pas mes investigations, l'erreur ne me paraît pas admissible ; dans tous les cas, la chose, ou, si l'on veut, le fait est par lui-même assez important pour mériter qu'on prenne la peine de le vérifier.

La perspective qui s'est déroulée sous mes regards, était si séduisante ; la région vaste, encore inoccupée, qu'il m'a été donné de contempler pendant quelques instants, m'a

---

retenu ?..... Les symptômes, qui de tous côtés se manifestent autour de nous, sont-ils de nature à nous porter à croire que nous n'avons plus rien à faire, et qu'il n'y a plus pour nous d'amélioration à obtenir ?.....

Et si trop souvent ceux qui nous conduisent, semblent, comme dans un amusement vulgaire, marcher avec un bandeau sur les yeux, n'est-ce pas le droit ou plutôt le devoir de celui qui s'aperçoit qu'ils vont au précipice, de leur crier à sa manière et avec le ton de voix qui lui est propre : casse-cou ! casse-cou ! ! !

paru présenter sur tous ses points une si luxuriante végéta-
tion, offrir sous tous les rapports tant de ressources, ren-
fermer dans son sein tant de richesses jusqu'à ce moment
ignorées, que, à sa vue, et au souvenir de mon pays, vers
lequel je me suis tout de suite et involontairement reporté,
je n'ai pu résister au désir d'y planter, au moins de loin et
par la pensée, le drapeau de la France.

De hautes chaînes rocheuses forment, sur la plus grande
partie de son pourtour, des remparts naturels qui, tout en
le rendant inaccessible aux voisins — à supposer qu'il en
existe qui pourraient songer à son occupation, — servent
en même temps à le protéger et contre les vents trop froids
du nord et contre le souffle brûlant de ceux du midi. Une
plage douce, unie, mais de peu d'étendue, et par conséquent
aisée à protéger, à défendre, y donne seule accès du côté
de la mer : on dirait la seule ouverture que la nature ait
pratiquée, la seule porte qu'elle ait laissée ouverte et par
laquelle devront s'introduire les heureux habitants qui viendront prendre possession de cette terre fortunée. C'est aussi
l'entrée qui permet aux vents rafraîchissants d'y pénétrer,
et, en modérant les ardeurs du soleil, d'y faire régner une
température délicieuse, presque toujours uniforme. Et cette
plage fait face à nos côtes de France... et elle n'en est qu'à
une distance relativement médiocre... et le terrain sur lequel elle donne accès paraît être un terrain encore vierge,
inoccupé...

VII.
Sa demande se
borne à ce que l'ex-
ploration par lui
faite isolément soit
tentée, renouvelée
en grand ; elle se
borne à ce que, en
D'ailleurs, la chose que je demande est d'une simplicité
en quelque sorte élémentaire. Elle se borne à ce que la démarche ou l'exploration, par moi faite isolément, soit tentée
ou renouvelée en grand ; en d'autres termes, elle se borne
à ce que, sur une question du plus haut intérêt, dont de
tous les côtés on réclame en ce moment la solution, chacun

soit appelé à réfléchir sérieusement, puis à faire connaître, le plus simplement possible, comment il croit en son âme et conscience qu'il convient le mieux de la résoudre ; après quoi la puissance législative, qui remplit, dans le corps social, le rôle que la raison remplit chez l'individu, ferait son choix en connaissance de cause et se prononcerait pour ce qui lui paraîtrait être le meilleur. En d'autres termes encore, la chose demandée se borne à ce que, pour mettre un terme à ces clabauderies incessantes dont on nous assourdit à l'occasion de la liberté, on finisse par nous placer enfin au pied du mur, c'est-à-dire par nous mettre dans l'obligation d'agir comme des hommes, en disant franchement ce que nous désirons, au lieu de continuer à nous emporter comme des enfants mutins, capricieux, boudeurs, qui se fâchent, qui crient et font le tapage, sous prétexte qu'on leur refuse tout ce qu'ils demandent, et qui, quand il s'agit pour eux de s'expliquer catégoriquement sur l'objet de leur désir, n'ont pas le courage ou la hardiesse de le faire, tant leurs prétentions leur paraissent à eux-mêmes exorbitantes, ridicules, inaccordables. Il semble, en effet, que le meilleur moyen de faire taire un grand nombre de ceux qui crient si fort aujourd'hui pour obtenir la liberté, serait aussi de leur demander tout simplement ce qu'ils veulent : il est à croire que beaucoup d'entre eux, surtout parmi les plus tourmentants, se trouveraient bien embarrassés, quand il leur faudrait le dire. Et si quelques-uns se respectaient assez peu eux-mêmes pour donner jour à des idées qui ne sont pas de mise au milieu d'un peuple civilisé, la puissance législative n'aurait qu'à passer outre sur leurs doctrines extravagantes, et à les mettre eux-mêmes dans la nécessité ou de s'incliner devant la volonté générale, de la respecter, comme c'est le premier devoir, la première obligation de tout bon citoyen, ou de vouloir bien, pour le repos de la société, qui ne doit

vue d'un résultat désiré, cherché depuis longtemps, l'on daigne enfin faire un effort sérieux, par un certain emploi de la force collective, dont tous les jours nous sommes si bien à même de connaître la valeur.

pas souffrir de leurs utopies, aller en faire pacifiquement l'essai dans quelque lieu où personne n'aurait à en souffrir.

Car enfin cette liberté, pour laquelle on fait tant de bruit, qu'on demande à cors et à cris, bientôt de tous les côtés à la fois, quelle est-elle donc en définitive ? Est-ce la liberté du sauvage, du sauvage vivant au fond des bois, mais revêtue d'un certain vernis de civilisation, et rendue par là en apparence moins malfaisante, moins dangereuse ? Dira-t-on que ceux qui avant nous ont établi des lois pour régler les rapports des hommes et empêcher ceux-ci de se porter préjudice, quand ils vivent rapprochés les uns des autres, c'est-à-dire en société, n'ont pas eu de raison suffisante pour les autoriser à établir des réglementations, dont l'effet est de réprimer l'élan de nos instincts naturels, et de peser indéfiniment sur nos volontés ; que, par conséquent, ces réglementations doivent être en grande partie démolies ? Ou bien, ce que nous voudrions, ce que nous demandons, serait-ce une liberté plus restreinte, plus limitée, laissant la porte moins grand ouverte devant la licence.....

Dans l'un ou l'autre cas, et pour que personne n'ait désormais plus à se plaindre, où donc faudra-t-il que la restriction porte, où faudra-t-il que la limite soit placée définitivement ? Car c'est là que se trouve l'énigme posée par le sphynx, qui a déjà dévoré tant de victimes humaines, et qui, faute de solution satisfaisante, peut encore en dévorer de si nombreuses à l'avenir ; c'est là qu'est le point qui a besoin d'être discuté, éclairci, et dont pourtant on dirait que tout le monde a hâte de détourner les yeux ; c'est là qu'est la difficulté, autour de laquelle on s'agite, à l'occasion de laquelle chacun s'escrime avec plus ou moins d'habileté, et que personne ne paraît regarder en face, dans le but de trouver le moyen de la surmonter et de la vaincre : personne n'a le courage de se présenter résolûment devant le taureau, d'aller le chercher, le provoquer, pour le prendre par les cornes et le terrasser.

Et si, pour une entreprise aussi hardie, nous voyons que ce n'est pas assez de la bonne volonté d'un seul, n'est-ce pas le cas de se mettre plusieurs de la partie et de tâcher de rendre utiles, efficaces, les forces dont nous pouvons disposer, en les réunissant en un faisceau ! L'expérience nous montre, en effet, que l'effort collectif est le levier le plus puissant que l'humanité ait à sa disposition pour soulever les obstacles, pour triompher des difficultés qu'elle rencontre sur sa route. Avec lui, que n'a-t-on pas fait déjà, et que ne peut-on pas espérer pouvoir faire encore ? Si, pour nous rendre compte de ce que, avec son aide, on a jusqu'à ce jour soulevé, remué, exécuté, nous jetons autour de nous un coup d'œil rétrospectif, nous sommes forcés de reconnaître que déjà des œuvres gigantesques ont été accomplies ; si, pour nous préparer aux surprises que nous réserve l'avenir, nous examinons ce qu'on veut faire encore, et quelle dévorante activité se dépense de tous les côtés, nous apercevons, nous découvrons des efforts, des entreprises, dont la grandeur et la hardiesse sont telles qu'on ne peut les qualifier, qu'en les appelant aussi des entreprises, des efforts de géants : ligue en faveur de la paix universelle, recherche des moyens de réaliser la navigation aérienne, expédition scientifique du pôle Nord, etc., etc.

Mais, quand il s'agit tout simplement de nous édifier sur la valeur de la force collective, de nous donner une idée de ce qu'elle peut faire pour la consolidation, pour l'amélioration de notre édifice politico-social, à quoi bon aller chercher trop loin un enseignement, que nous avons sous la main, dans des événements dont le souvenir est présent à tout le monde ? Sans parler de résultats obtenus dans des

VIII.

D'ailleurs, ce qu'il demande n'est point une innovation, et, sur le terrain où l'on est ici placé, on peut dire que le succès du passé est pour nous un gage du succès de l'avenir : l'œuvre de 89, si admirablement commencée, mais malheureusement restée inachevée, nous montre ce qui nous reste à faire et nous apprend comment nous devons nous y prendre pour l'exécuter.

votations, qui suffiraient à montrer ce qu'elle peut quand elle le veut sérieusement, la France n'a-t-elle pas déjà fait sur le terrain spécial, où l'on se trouve ici placé, un essai qui est d'un bon augure et singulièrement encourageant?

Dans notre pays, en effet, dès qu'on parle de liberté et qu'on en vient à discuter sur ce point, assez sujet, comme on sait, à la controverse, toujours on se retourne vers 89, toujours on revient à 89, toujours on invoque ses principes. 89, à chaque fois que la question de la liberté reparaît sur l'eau, est dans nos souvenirs et dans notre histoire comme le point lumineux vers lequel, de tous les côtés indistinctement, on éprouve le besoin de tourner ses regards, afin de s'éclairer ; on dirait presque le point de repère, auquel tous se sentent forcés de revenir, pour reconnaître leur route et s'assurer qu'ils ne s'égarent pas.

Or, on le demande, qui donc a procuré à 89 cette importance exceptionnelle ; qui donc a valu aux législateurs de cette époque la gloire d'avoir produit une œuvre qui paraît dépasser les proportions ordinaires des œuvres humaines ; une œuvre que, non-seulement le temps a respectée, mais que toutes les opinions, que tous les partis avouent, devant laquelle tous s'inclinent par respect ? A quelle circonstance est-il juste de dire qu'ils sont redevables de cet honneur insigne, le plus grand que des hommes puissent envier, celui d'avoir pour la solution de la question, qui a peut-être le plus causé de maux à la pauvre espèce humaine, en perpétuant les divisions dans son sein, fait plus et mieux que ceux qui avaient vécu avant eux, d'être allé plus loin, et avec plus de succès que qui que ce soit, chercher cette solution aux sources mêmes de la raison, dans l'investigation du plan de la nature ; et, s'ils n'ont pas complétement réussi dans leur généreuse entreprise, d'avoir, comme marque de leur passage, comme témoignage de

leurs vigoureux efforts, laissé sur le terrain politico-social
ce qu'on demande la permission d'appeler leurs *colonnes
d'Hercule*, restées infranchies jusqu'à ce jour ; puisqu'il
est vrai de dire que, s'ils se sont avancés plus loin que
leurs prédécesseurs, toujours on trouve que ce qui a été
essayé, tenté depuis, est à recommencer, à refaire ; encore
une fois, à qui ou à quoi convient-il de dire qu'ils sont
avant tout redevables de cet honneur, sinon à ce fait particulier que, dans l'accomplissement de leur tâche, ils ont
été aidés, soutenus par le génie et aussi par le patriotisme
de la nation tout entière ; sinon à cette circonstance, grosse
vis-à-vis de nous d'un enseignement de la plus haute portée,
que la France, qui, à cette même époque, était appelée à
délibérer sur la réforme de ses institutions, leur avait elle-
même préparé et en quelque sorte mâché la besogne, par
l'élaboration préalable, à laquelle on l'avait vue, pendant
des mois entiers, sur toute l'étendue du territoire, se livrer
avec tant d'amour et tant de zèle, on veut dire par la ré-
daction de ces cahiers ou chartes particulières, d'où le
travail législatif fit ensuite sortir le plus beau monument
qui ait jamais été élevé à la liberté, la proclamation des
immortels principes de 89 ?.....

Oui ! — tant pour la forme que pour le fond — il y a
pour nous, dans l'œuvre de 89, un type, un modèle, tout
un enseignement ! On parle quelquefois parmi nous de la
fusion des partis ; on y parle plus souvent encore de la
liberté ; on y paraît même désirer l'une et l'autre..... Eh
bien ! si ce langage est sérieux, si notre désir est sincère,
89 est là qui nous montre comment nous devons nous y
prendre pour arriver au but, pour atteindre le résultat.

Car, nous le voyons, 89 a été, avant tout, l'époque de
l'entente amiable, de la conciliation, l'époque de la fusion
de toutes les volontés en une seule volonté, la grande volonté nationale. Alors, en effet, tous les partis sont d'accord

et se taisent ; ou plutôt il n'y a plus de partis : chaque individu a fait le sacrifice de ses affections particulières sur l'autel sacré de la patrie. Afin que tous puissent être libres, tous ont consenti à ne l'être qu'autant que le permet le respect des droits appartenant à autrui ; et — comme Alexandre lui-même dut le faire devant Diogène — pour que tous aient leur place à la lumière du soleil, chacun a compris qu'il devait se reculer, se ranger de devant son voisin, quand, indûment, il le gênait et empiétait sur lui.....

89, on peut le dire à sa gloire, a bien mérité de l'humanité, en lui donnant un grand exemple, en lui montrant comment elle doit s'y prendre pour améliorer son sort, pour se faire justice, quand on méconnaît ses droits, quand ses destinées périclitent. Le mode d'agir de 89 a été, sous ce rapport, un pas en avant considérable, un progrès énorme, sinon complétement réalisé, du moins sérieusement entrepris, et en grande partie achevé, exécuté. A 89 appartient l'honneur d'avoir déblayé et livré à la circulation publique le commencement, la tête de cette grande route du bon sens, de la raison, dont on parlait plus haut, et qui, véritablement, est le point de départ de la liberté.

IX.

Nos ancêtres de 89 étaient dans une position intolérable ; pour s'en tirer, ils ne commencèrent point par recourir à la force matérielle, brutale : 89 a été une révolution, mais une révolution opérée avec les seules armes, par les seules

89 était en face de difficultés extraordinaires, on dirait presque inextricables. Des abus criants, intolérables ; une organisation sociale radicalement vicieuse, qui fait que l'association, au lieu d'avoir pour but le bien de tous, n'est plus qu'un contrat inique, où tout est accaparé, absorbé par quelques êtres privilégiés, où toute la sève de l'arbre social afflue vers quelques gourmands parasites, qui assèchent et tuent le tronc ; au sein des populations, une misère profonde, un mécontentement général ; tout annonce, tout révèle, sinon un état de choses entièrement désespéré, du

moins, une de ces positions critiques d'où il est difficile de se tirer.

D'ailleurs, la machine gouvernementale ne peut plus fonctionner ; ses ressorts sont usés, paralysés ; la force motrice, qui donnait l'impulsion à ses rouages, est tarie dans sa source. L'impôt, devenu plus lourd, plus écrasant, plus odieux, paraît-il encore, que celui que de nos jours ceux qui font les affaires du pays n'ont pas de honte de faire aller toujours en grossissant, oui ! — chose grave — l'impôt ne peut plus donner ; son cours est arrêté, suspendu ; l'assemblée des notables a reculé devant le chiffre qu'on lui a présenté ; le parlement n'a pas osé prendre sur lui de l'enregistrer ; il s'est déclaré incompétent.

Pour sortir de ce dédale d'iniquités, on ne vit point nos ancêtres de 89 vouloir d'abord user de la violence, commencer par recourir à la force brutale. On ne vit point alors, selon le mode d'agir peu avouable et peu digne des révolutionnaires modernes, un nombre d'individus relativement restreint, petit, minime, chercher à s'imposer, vouloir faire accepter leurs volontés pour les volontés de la nation ; puis à l'aide de cette fausse opinion, habilement répandue de proche en proche et perfidement accréditée, amener, préparer, faire naître l'occasion où ils pourront renverser un gouvernement, qui, au fond, n'est peut-être pas à l'abri de reproches, mais qui, pour eux, a un inconvénient bien autrement grave, celui de les gêner dans l'accomplissement de leurs projets ambitieux, pour venir spontanément s'installer à sa place.

C'est là, il est bon de le remarquer en passant, une tactique qui a son mauvais côté et qui demande à être surveillée. Il peut fort bien arriver, car l'expérience, du reste, est là pour nous l'apprendre, que de tels révolutionnaires soient moins des libérateurs que de nouveaux corsaires, souvent pires que ceux dont ils ont pris ou dont ils voudraient

forces de la puissance intellectuelle, une révolution, en un mot, telle que devraient toujours être celles que, suivant les besoins des temps, sont obligés de faire entre eux les êtres doués de raison.

prendre la place. Par leur audace et grâce à la bonhomie ou plutôt à la stupidité avec laquelle on les regarde et on les laisse faire trop souvent, ne peuvent-ils pas engager, acculer le char social dans un impasse, d'où l'on ne pourra peut-être le retirer plus tard?

89 a beaucoup mieux compris son rôle, et surtout a eu à cœur de le remplir d'une façon infiniment plus loyale.

Sans doute, 89 a été une véritable révolution, mais une révolution d'un caractère nouveau, tout particulier, une révolution pacifique, opérée avec les seules armes et par les seules forces de la puissance intellectuelle, une révolution, en un mot, telle que devraient toujours être celles que font entre eux, selon les besoins des temps, les êtres portant figure humaine, c'est-à-dire les êtres qui sont guidés par la raison, ou du moins qui sont regardés comme tels.

X.

89 refoulant dans le passé vers les siècles de barbarie l'emploi de la force brutale, a été le commencement de la réhabilitation de l'humanité.

89 a relégué dans le passé, refoulé en arrière, vers les siècles de barbarie, l'emploi de la force matérielle, comme moyen peu convenable, peu sympathique, comme mobile peu en harmonie avec la dignité de l'être intellectuel, quand il s'agit de faire mouvoir les masses et de gouverner les peuples.

Par le système de 89, par la mise en pratique de ses idées, de ses principes, la raison, cette grande modératrice des contestations humaines, est rentrée en possession de sa prédominance. Sous son arbitrage, devant sa décision suprême, les prétentions mal fondées, exagérées, ont baissé pavillon. Elles ont été forcées de reconnaître que décidément tout n'était pas fait pour quelques êtres privilégiés, et que, sous bien des rapports, il y avait, pour elles, nécessité de se rapetisser.

Ainsi, la réhabilitation a été faite ; la réparation des abus s'est opérée d'elle-même et comme par enchantement. Les

membres de la grande famille sociale, sentant, en quelque
sorte, se relâcher, se desserrer autour de leurs membres
meurtris, endoloris, l'espèce d'étau dans lequel ils étaient
auparavant comprimés, ont commencé à profiter de l'espace
qui s'élargissait autour d'eux, de l'air plus libre qui leur
était laissé ; bientôt, ils ont repris leur place et reconquis
leurs droits ; bientôt, tous ont enfin pu respirer à l'aise.
Avec la justice qui reparaît sur terre, un avenir meilleur
s'annonce de toutes parts ; l'espoir et la confiance sont
revenus dans les esprits et dans les cœurs.

L'ancien mode de compression et d'absorption ayant disparu, ayant été supprimé, le ressort intérieur destiné à
mettre en mouvement l'individu, et que celui-ci trouve dans
ses sentiments intimes, dans sa conscience, a été tiré de
l'inaction à laquelle il était précédemment condamné, pour
reprendre son rôle naturel. Il a été dépouillé de sa rouille
et remis en mouvement, pour fonctionner à l'avenir selon
le vœu de la nature, et pourtant aussi — car on vit au
milieu de la civilisation — suivant les prescriptions, d'après
les règles de la justice, puisque son action ne doit pas
franchir la limite du respect des droits d'autrui (art. 4 des
principes de 89).

Ainsi, une organisation meilleure a été instituée, une ère
nouvelle a été, pour ainsi dire, fondée. L'ancienne manière
de vaincre, elle-même, qui appartenait moins à l'homme
qu'à la brute, a été discréditée, détrônée, déconsidérée.
89 a révélé et mis en honneur un mode de conquête devant
lequel pâlit l'éclat trompeur, la gloire fausse et mensongère des victoires meurtrières, qui toujours s'achètent au
prix du sang. 89 a inauguré la manière de vaincre, à laquelle
— si l'humanité ne doit pas fatalement rester au-dessous de
ses hautes destinées — est réservée la conquête du monde,
la pacification des peuples.....

XI.
89 a déplacé l'action des chercheurs de gloire, des faiseurs de conquêtes ; 89 a inauguré l'ère des conquêtes pacifiques et révélé la manière de vaincre à laquelle est réservée la conquête du monde, la pacification des peuples.

Oui ! — malheureusement son idée n'a pas été suffisamment comprise, du moins elle a été trop vite oubliée, méconnue, abandonnée — Oui ! 89 a inauguré l'ère des conquêtes pacifiques. 89 a déplacé l'action des chercheurs de gloire, des faiseurs de conquête, qui auparavant n'étaient, le plus souvent, que des assommeurs, des casseurs de têtes humaines, que des destructeurs, des ravageurs, des spoliateurs de peuples, pour ouvrir devant eux un champ d'activité plus en harmonie avec les tendances, avec les aspirations de l'être humain, pour proposer à leur amour-propre, à leur ambition, un honneur moins contestable, plus digne de flatter leur orgueil, plus propre à faire battre leur cœur ; car, en le recherchant, ils n'auront plus autant à craindre que leurs exploits les exposent aux reproches — de leur conscience d'abord, s'ils en ont une — et qu'ils soient pour eux une source de malédictions publiques.

89 a pratiqué, mis en évidence, signalé à l'attention des bienfaiteurs de l'humanité la vraie manière de vaincre, la seule qui soit digne de l'homme et qui convienne à l'exercice de ses hautes facultés, celle où la force brutale n'entre pour rien, d'où la violence physique est exclue, celle où l'on ne voit point le vaincu — maltraité, meurtri, laissé souvent plus mort que vif — obligé de subir à contre cœur la volonté du vainqueur, sauf à regimber dès qu'il le pourra ; mais, où c'est le vaincu, qui, de son plein gré, va lui-même au-devant du vainqueur se ranger sous sa domination, se soumettre à sa loi, parce qu'il voit, parce qu'il sent, parce qu'il est convaincu que, pour lui, il est bon, utile, avantageux de le faire ; parce que tout lui dit, tout lui annonce que là est la puissance sympathique, attractive, fondée sur la raison, basée sur la justice, auprès de laquelle il a le plus de chance d'obtenir la protection qu'il désire, de trouver la sécurité dont il a besoin.

Les chercheurs de gloire, les faiseurs de conquêtes, qui, pendant le cours des siècles, ont joué sur la scène du monde, avec plus ou moins d'éclat, un rôle plus ou moins important, n'ont-ils pas, pour la plupart, volé jusqu'à la réputation qui est venue mal à propos s'attacher à leurs noms, et leur donner un prestige qu'ils ne méritaient pas? Presque toujours et partout ils ont été en honneur ; tandis que toujours et partout, à de faibles exceptions près, ils auraient dû être en exécration, par une raison bien simple : ils ont été les fléaux de l'humanité ; ils ont passé en faisant le mal, à peu près comme ces torrents dévastateurs qu'on voit tout à coup faire irruption sur des contrées entières et y porter la désolation, mais qui, heureusement, ne tardent pas à disparaître, ne laissant après eux que le souvenir et la trace des ravages qu'ils ont causés, des maux qu'ils ont produits.

Dans leur stupide manie, ou plutôt dans leur aveugle fureur, ils se croyaient tout permis, pourvu qu'ils pussent arriver à contenter leur folle ambition, à satisfaire leur sot orgueil. Ils se croyaient donc, les misérables ! sortis d'une autre origine, pétris d'un autre limon, que le reste des humains ! Aussi, les voyait-on fouler aux pieds les droits les plus sacrés, et, par-dessus tout, se faire un jeu cruel de la vie des autres hommes. Leur puissance était une puissance aveugle, inique, usurpatrice ; l'usage qu'ils faisaient de cette même puissance était tout simplement un brigandage, oui ! un brigandage qui ne se distinguait du brigandage ordinaire que parce qu'il se pratiquait sur une plus vaste échelle, parce qu'il s'appuyait sur une force plus imposante, à laquelle la raison ne pouvait parler, comme l'exprimait si énergiquement ce pirate fameux, auquel Alexandre dit le Grand reprochait sa basse condition : « Je suis pirate, répondit-il, parce que je n'ai qu'un vaisseau ; si j'avais une flotte, je serais conquérant, j'aurais le titre de conquérant...»

XII.

L'ancienne manière de s'assujettir les hommes, de vouloir les vaincre, les gouverner par l'emploi de la force matérielle, était justement l'antipode, le contrepied du plan de la nature, qui leur a donné la raison pour se conduire ; aussi ses résultats ont-ils toujours été on ne peut plus mauvais.

Des êtres pareils ne pouvaient rien fonder de solide, rien de durable. Leur domination ne pouvait être qu'une domination éphémère. Elle manquait de base, n'ayant pas de racine dans le cœur des peuples ; et aussitôt que les sentiments qu'elle comprimait venaient à pouvoir se faire jour, aussitôt qu'autour d'eux l'on commençait à avoir confiance dans le retour de la justice, leur puissance ne tardait pas à s'affaisser sur elle-même et à disparaître, comme un bloc de neige se fond et disparaît sous les rayons du soleil.

Non ! ils n'étaient pas faits pour dominer, pour régner sur des hommes ! Ils ne connaissaient pas la justice ; ils ne comprenaient pas ce qu'elle est, ce qu'elle vaut, ce qu'elle peut ! Ils n'implantaient pas autour d'eux la douce, la bienfaisante liberté. Ils n'attiraient pas à eux les populations par les avantages qu'ils leur garantissaient, par le bien qu'ils leur faisaient. Ils ne savaient pas comment on peut faire véritablement la conquête de l'être humain ; comment on se l'asservit ; comment on le dompte ; comment on le gagne ; comment on l'attache à sa cause ; comment on parvient à lui rendre celle-ci chère, sacrée, au point qu'il lui soit aussi impossible de ne pas l'aimer, de ne pas la soutenir et la défendre au besoin, qu'il lui est impossible de ne pas chercher son avantage personnel, ou de cesser de désirer son propre bonheur.

Au lieu d'édifier sur le plan de la nature, ils le renversaient. Ils voulaient, les insensés ! établir à leur guise, pour leur profit exclusif, un état de choses anormal. A la place de la liberté, qui est, pour la meilleure partie de l'être humain, aussi indispensable que la clarté du jour l'est pour son corps, ils apportaient la compression, ils fondaient l'esclavage, qui n'est autre chose que la nuit sombre, obscure, des intelligences ; au lieu de mettre leur force, de chercher leur appui dans l'approbation, dans le contentement, dans la satisfaction de tous en général et de chacun en particulier, ils s'imposaient par la crainte, par la terreur ; ils faisaient autour d'eux le silence des morts, ils régnaient dans la solitude des tombeaux ; leur plus grande gloire, dans leurs tristes exploits, consistait à tuer le plus de monde possible, afin de courber plus facilement les survivants affaiblis sous le joug de la force matérielle et brutale, à laquelle ils voulaient tout soumettre, tout asservir.

On ne veut point dire ici que cette dernière force doive être aujourd'hui laissée de côté, négligée. Non ! il est au contraire nécessaire qu'elle soit, de nos jours peut-être plus qu'à aucune autre époque , maintenue sur un bon pied, soigneusement entretenue, cultivée ; mais uniquement dans un but pacifique, uniquement pour que toujours on soit largement en état de faire face aux exigences d'une bonne police et de pourvoir aux besoins de la sécurité commune, uniquement pour que toujours on soit en mesure d'empêcher les ennemis du dehors et aussi ceux du dedans — car malheureusement il y en a quelquefois — de mettre à exécution les coupables desseins qu'ils pourraient concevoir ; on a besoin d'être fort pour se défendre chez soi, pour se protéger, non pour aller attaquer les autres, non pour faire des conquêtes, en ravageant les propriétés, en détruisant ses semblables.

Au point de civilisation où nous sommes arrivés, le temps des conquêtes sanglantes doit être passé, — définitivement passé. Est-ce qu'on n'en a pas assez vu l'inconvénient ? Ne sait-on pas encore que l'emploi de la force matérielle est un mauvais argument en faveur de quiconque s'en sert pour convaincre de la bonté de sa cause ? Puis, comment qualifier celui qui, ayant avec la conscience de son bon droit le sentiment de sa dignité et de sa force, a recours à l'agression et se rue sur son adversaire, pour prouver qu'il a raison? C'est évidemment le cas de dire qu'ici la preuve ne prouve pas.

C'est aller contre l'ordre établi par la nature et fouler aux pieds une de ses lois les plus impérieuses. C'est vouloir montrer de nouveau que l'homme, cet être raisonnable, ce roi de la création, comme on l'appelle, est le seul des êtres vivants qui s'acharne à la destruction de son semblable. Les loups, les lions nous font ici la leçon, puisque, comme nous le dit le poëte, ils ne sont féroces que contre les animaux d'une autre espèce :

> Neque hic lupis mos, nec fuit leonibus,
> Nunquam, nisi in dispar, feris. (HORACE.)
>
> . . . .
> . . . .
> . . . .

XIV.
Il y a dans l'être humain la partie de lui-même, dont celui qui gouverne doit d'abord se préoccuper, dont celui qui veut dominer doit avant tout essayer de faire la conquête.

Il y a dans l'homme — n'en déplaise aux soi-disants singes perfectionnés de notre époque — il y a dans l'homme quelque chose de plus que le corps, quelque chose de meilleur, quelque chose de plus puissant et de plus fort. Il y a cette partie de l'être humain, dont celui qui gouverne doit surtout se préoccuper, dont celui qui veut dominer doit avant tout essayer de faire la conquête, parce que cette partie est la principale, la première, et qu'à elle appartient la direction de l'autre, qui n'est que secondaire ; parce que c'est elle qui tient en main et qui tire à sa volonté, c'est-à-dire quand il lui plaît et comme il lui plaît, le fil qui — s'il est permis de s'exprimer ainsi — donne l'impulsion au mécanisme extérieur et fait mouvoir le pantin.

Il y a dans l'être portant figure humaine cet agent interne auquel le corps lui-même obéit, ce moteur secret, intime, que l'œil physique ne voit pas, mais dont chacun ressent, au dedans de soi, l'existence et l'action ; moteur adapté aux organes corporels, subissant même leur influence pour être mieux à même de les conduire à leur fin, mais moteur essentiellement actif et indépendant, trouvant en lui-même, puisant dans ce que le poëte appelle *patrius vigor*, c'est-à-dire dans cette vigueur native qui lui vient de la noblesse de sa haute origine, assez de force pour ne pas se laisser comprimer par ce qui comprime les membres, assez d'indépendance et de noble fierté pour ne pas, quand il le veut, se laisser traîner à la remorque de ce qu'il doit dominer, de ce qu'il doit diriger.

Oui ! il y a dans l'homme cette intelligence qui obéit à la vérité, qui subit son influence et se sent asservie, domptée par elle, mais qui, devant la violence, devant la force physique employée par le tyran, ne doit jamais abdiquer ni cesser de remplir le rôle que Dieu l'a chargée de remplir. Il y a cette raison qui, quelle que soit la compression dont on use à l'égard des membres auxquels elle est unie, reste toujours maîtresse de ne pas se soumettre, toujours maîtresse de se montrer récalcitrante et de dire que, pour elle, la voie par laquelle on veut la traîner n'est pas la meilleure.

Surtout, par-dessus tout, et quel que soit le nom qu'on voudra lui donner, il y a dans l'être humain cette partie de lui-même qui se manifeste hautement, qui signale et prouve elle-même son existence par un attachement instinctif à la vie, par un besoin impérieux, inassouvissable de bonheur.

Oui ! il y a dans nous tous, qui que nous soyons, cette partie de notre être, dont l'intelligence et la raison ne sont que les modes, les qualités ; il y a cette nature supérieure, cette substance active, puissante, vivace, qui, d'un côté, ayant la conscience de son origine, nous avertit et nous crie que la mort n'est pas faite pour elle et ne peut pas l'atteindre, qui notamment, quand, pour la première fois, l'on vint an-

noncer à chacun de nous qu'un jour il lui faudrait mourir,
opposa une si énergique et si opiniâtre incrédulité à cette
malencontreuse annonce ; qui, naturellement et d'instinct,
se redressa dans sa dignité, dans sa fierté ; qui, avant toute
réflexion, fit entendre une exclamation, poussa un cri de
révolte en face du désappointement que cette fâcheuse nouvelle venait lui causer, ne pouvant se décider à la regarder
comme vraie, ni même comme sérieuse, mais cherchant à
l'écarter, à la repousser loin d'elle, tant elle la contrariait,
tant elle l'amoindrissait, tant elle la froissait dans ses sentiments les plus forts, les plus naturels, les plus intimes ; et
qui, d'un autre côté, éprouvant déjà sans doute — dans l'état
en quelque sorte embryonnaire, où, pour s'affirmer et se
développer, elle existe passagèrement ici bas — l'attraction
du bien qu'elle est appelée à posséder plus tard, si, par
l'usage de son libre arbitre, elle sait s'en rendre digne et
s'élever jusqu'à lui, y ressentant le besoin de posséder ce
bien parfait, infini, immense, dont une intuition encore
vague et lointaine, dont un pressentiment et comme un
avant-goût lui arrivent à travers l'obstacle de son enveloppe
matérielle — à peu près comme arrivent à l'oiseau, encore
captif dans la coquille de l'œuf, la vue et le sentiment de la
clarté du jour, où, pour lui, l'existence doit recevoir son
dernier perfectionnement — agit sous l'influence de cette
attraction puissante, insurmontable, tend par ses efforts,
par ses élancements, par ses désirs, à se réunir à ce bien,
qui convient à son essence et est le but suprême de ses
aspirations ; cherche et cherche encore, jusqu'à ce que
leur enveloppe coercitive soit enfin brisée, le bonheur que
que doit lui procurer la possession de ce bien, pour lequel
elle sent qu'elle est faite, dont elle ne peut un seul instant
se décider à vouloir rester séparée, de ce bien qu'elle poursuit, qu'elle veut atteindre dans tous ses actes, par tous ses
actes ; vers lequel, avant toute préméditation, malgré tous

les obstacles, mais non — malheureusement — sans se méprendre et se tromper bien souvent sur l'objet de ses recherches, elle se tourne et se retourne obstinément et comme vers son centre, à tous les moments, dans toutes les péripéties du combat incessant qu'il lui faut soutenir en cette vie de passage et d'épreuve ; en quelque sorte comme la partie aimantée de l'aiguille de la boussole ne cesse pas, elle aussi, par ses élancements réitérés et quelle que soit la position que l'on fasse prendre à la boîte qui la renferme, de se tourner et retourner avec une si opiniâtre et si irrésistible obstination vers le centre d'attraction, qui est le sien.

Et, c'est avec un être de cette importance, de cette valeur, que l'on pense qu'il est permis de ne pas se gêner, que l'on croit pouvoir se passer de ménagements ! C'est un être ainsi prédisposé, devant lequel s'ouvrent des horizons immenses, auquel sourient des espérances sans fin ; un être qui, comme cette statue gigantesque — qu'aperçut en songe l'ancien roi de Babylone — touche, sans doute, encore la terre de ses pieds d'argile, mais dont la tête d'or — à moins qu'il ne se rabaisse lui-même par ses actions — est déjà bien haute dans les régions célestes ; c'est un être de cette taille, c'est-à-dire un être aux aspirations immortelles, aux prétentions illimitées, aux exigences sans bornes, que l'on voudrait façonner au joug de l'obéissance passive, soumettre à l'arbitraire, courber sous le caprice, surtout lorsqu'il sait par expérience combien l'arbitraire et les caprices peuvent lui être préjudiciables (1), combien ils lui font subir parfois de dures et funestes déceptions ! ! !

------

(1) Tout ceci, on le répète, était écrit avant les élections législatives de 1869.

Quand donc, ô gouverneurs de peuples, serez-vous à la hauteur de la position que vous occupez? Quand cesserez-vous de tourner le dos au but que vous devez atteindre? Quand, par vos procédés, ne serez-vous plus une cause d'irritation, un sujet de discorde au milieu de ceux entre lesquels il est de votre devoir de maintenir le bon accord et de faire régner l'harmonie?

Quand, avec une apparence de bonne volonté, qu'on ne peut, qu'on ne doit pas toujours contester, en aurez-vous fini d'arriver, pour ainsi dire invariablement, à de mauvais, à de tristes et déplorables résultats? Tout élevée qu'elle est, oh! que votre position paraît peu digne d'envie! comme elle est précaire, malgré les droits héréditaires, dynastiques ou autres, dont vous vous prévalez, à l'aide desquels vous cherchez, tant bien que mal, à vous étayer! Comme vous y éprouvez, dans cette position élevée, des difficultés, des contradictions! Comme vous vous y usez vite, quelle que soit la force que vous croyez posséder, quelle que soit la valeur intrinsèque dont vous pensez être doués personnellement! Avec quelle rapidité vous vous y remplacez les uns les autres, presque périodiquement et à époque fixe, en quelque sorte comme des chefs d'exploitation, obligés, après un bail de courte durée, de désemparer, de déguerpir, parce qu'ils n'ont pu mener à bonne fin une entreprise qui s'est trouvée au-dessus de leur capacité, au-dessus de leurs forces!

Et ce que pour vous, en ces dures extrémités, il doit, ce semble, y avoir de plus pénible, de plus difficile à digérer et aussi de plus tristement significatif, c'est quand un éboulement a lieu, quand un trône s'écroule et qu'un congé est, pour ainsi dire, signifié aux anciens occupants, le peu de tristesse, la douleur douteuse, qui d'ordinaire fait cortége à ceux qui s'en vont. Tout récemment encore, et quand, pour la reine d'Espagne, ce fut son tour de prendre le chemin de l'exil, seule elle avait les yeux rouges, seule elle pleurait amèrement, au dire des témoins oculaires...

Allons donc, gouverneurs de peuples, faisons un effort pour sortir de la position triste, fâcheuse, anormale, qui cause tant de souffrances ! Au lieu de continuer à cheminer si péniblement et en nous enfonçant toujours de plus en plus, tâchons de nous relever dans l'esprit des masses ! Montrons que nous savons mieux comprendre, qu'on ne l'a fait jusqu'ici, les besoins, les droits et les devoirs de l'humanité ! Montrons que nous sommes enfin parvenus à avoir une idée meilleure, plus saine, plus juste que celle qu'avaient nos devanciers, et du plan de la nature, et du but qu'elle s'est proposé dans la formation de l'être humain, et de la route qu'elle a voulu lui faire suivre quand elle lui a donné le besoin de vivre en société !

Est-ce que vous ne trouvez pas que la noble fonction que vous remplissez auprès de vos administrés ait assez perdu du prestige dont elle était autrefois environnée ? Est-ce que vous voulez la discréditer, la déconsidérer davantage encore dans l'esprit des peuples, en supposant que cela soit possible ? Est-ce que vous ne trouvez pas qu'il y ait déjà contre elle assez de préventions, assez de répulsions ? Voulez-vous arriver à la rendre vous-mêmes absolument insupportable et impossible ?

Ne pourrez-vous donc — permettez qu'on vous le dise avec la déférence la plus respectueuse qui se puisse imaginer, mais aussi avec toute la franchise dont on a besoin pour vous montrer la vérité quand il y va de votre vie et de la nôtre — ne pourrez-vous donc jamais comprendre qu'étant faillibles, sujets à l'erreur, c'est toujours par l'arbitraire que vous vous tuez, et que vous faites le malheur de vos administrés ?.....

L'homme a sa susceptibilité, ô gouverneurs de peuples ! l'homme a sa dignité ; l'homme a des droits sacrés, imprescriptibles, qu'il tient directement de Dieu, de la nature ; et le temps n'est plus où l'on puisse arbitrairement les lui ravir ; le temps n'est plus où il soit permis à un seul de s'imposer à tout un peuple, et de venir encore — comme Louis XIV — lui dire, avec une orgueilleuse et impertinente fatuité : L'État, c'est moi.....

Si le vieux Protée se dégageait facilement de l'étreinte des liens que lui imposaient par surprise ceux qui voulaient lui dérober ses secrets sur l'avenir, se changeant tout à coup devant eux en feu, en rocher, en courant d'eau, prenant l'aspect d'un tigre horrible, d'une lionne en fureur ou de quelque autre monstre aux formes hideuses et menaçantes, est-il étonnant, ô gouverneurs de peuples, que des hommes, ayant la conscience de ce qu'ils sont, de ce qu'ils valent, s'échappent malgré vous à travers les mailles du réseau compressif, dans lequel, sans suffisamment respecter leurs droits, vous cherchez à les retenir ? Puis, quand vous retournant de temps à autre de leur côté, comme pour les consulter, vous semblez leur demander qu'ils fassent connaître, par leurs votes, s'ils vous approuvent, si toujours ils sont disposés à vous appuyer, à vous soutenir, est-il étonnant que, au lieu de répondre avec empressement à cette invitation, quelques-uns fassent la sourde oreille et, malgré vos sollicitations, restent vis-à-vis de vous dans l'immobilité du rocher ; que d'autres, ressemblant apparemment à l'eau qui s'écoule à travers les vains obstacles qu'on cherche à lui opposer, passent outre avec une apparence de dédain et commencent ainsi à vous laisser dans un isolement qui a bien sa signification ; et que d'autres enfin, moins endurants, moins patients, moins débonnaires, montrent déjà les dents et se dressent devant vous dans la position de bêtes sauvages, prêtes à vous dévorer ?.....

Au physique comme au moral, et au moral aussi bien qu'au physique, l'arbitraire a fait tant de mal : sous tous les rapports, le gouvernement personnel a tant de choses à se reprocher ; il a commis tant de fautes, fait tant de bévues ; il a sur la conscience tant de crimes, tant de forfaits épouvantables, horribles, que vouloir en retracer la triste, la déplorable histoire, serait entreprendre d'écrire tout au long le martyrologe de la pauvre humanité. En ce qui nous concerne, et sans parler ici de ses autres exploits, plus anciens ou plus récents, qu'il suffise de dire que c'est lui qui, traînant l'armée française à Moscou, au milieu d'un hiver rigoureux, l'a lancée, embarquée dans une expédition dont elle revint, on se souvient comment, mais à laquelle le bon sens, la raison en sont encore à chercher un motif plausible, suffisant.....

Oui ! à cause de ses fautes, à cause de ses bévues impardonnables, à cause de ses forfaits, le gouvernement personnel, le gouvernement d'un seul est tellement déconsidéré dans l'esprit des peuples ; il leur est devenu tellement odieux, tellement antipathique, que ceux-ci, pour le repos, pour le soulagement de leur conscience, et s'ils veulent essayer de se relever par l'espérance d'un avenir meilleur, croient qu'ils n'ont rien de mieux à faire que de se le figurer comme mort, et définitivement mort.

Vous-mêmes, ô gouverneurs de peuples, vous semblez l'avoir aussi compris depuis quelque temps. Aux difficultés du fonctionnement de la machine gouvernementale, aux cahots qu'elle vous faisait ressentir dans sa marche, aux résistances que vous éprouviez presque à chaque instant, vous avez enfin reconnu que l'arbitraire était un mauvais moyen de vous gagner l'esprit des masses ; vous avez reconnu que c'était pour vous un dangereux compagnon de voyage, un mauvais auxiliaire ; et vous avez voulu vous tourner du côté de la liberté ; et vous vous êtes décidés à demander à celle-ci ce que celui-là était dans l'impossibilité de vous procurer.

XVIII.

Mais en ce qui nous concerne, nous autres français, et quand on considère la manière dont on s'y prend pour implanter chez nous la liberté, a-t-on lieu d'être rassuré? Est-ce bien à la liberté qu'on nous mène? N'est-il pas à craindre qu'on attire sur notre pays le malheur que Plutarque reprochait si amèrement à Périclès d'avoir attiré sur le sien?

Mais pour votre malheur et pour le nôtre, ne donnez-vous pas lieu de craindre que, dans cette voie nouvelle, vous ne fassiez fausse route dès le premier pas? Et — ne vous offensez pas, si l'on vous parle avec une crudité de langage que vous n'êtes point habitués à trouver parmi ces courtisans à dos flexible, dont on ne connaît pas et dont, pour tout l'or du monde, on ne voudrait pas apprendre le vil métier, parce que ce sont eux qui toujours font le mal, qui toujours trompent — dans vos velléités de réformes libérales, surtout si l'on en juge par la tournure qu'on paraît vouloir leur faire prendre dans le moment actuel, ne courez-vous pas le risque de ressembler un peu, peut-être beaucoup, à ces imprudents, dont le poëte signale l'étourderie, lorsque, dans sa façon naïve, presque brutale, de s'exprimer, il dit que, pour éviter un mal ou un danger, ils courent, tête baissée, se jeter dans un pire?

Dum vitant stulti vitia, in contraria currunt...

Vous nous parlez de liberté; vous nous faites même faire, paraît-il, en ce moment ce que quelques-uns appellent l'essai, l'apprentissage de la liberté. Mais — permettez qu'on vous le demande — ne vous méprenez-vous point? Est-ce bien à la liberté que vous nous menez; est-ce bien sur le chemin de la liberté que vous nous placez? Ne nous introduisez-vous pas, au contraire, dans la voie noire, sombre, triste, qui conduit à l'esclavage et au plus odieux, au plus ignoble de tous les esclavages, à l'esclavage des passions? .... *Servire cupiditatibus, gravissima servitus...* Lorsque l'on affirme que vous nous faites prendre les mœurs, les habitudes de la liberté, ne serait-il pas plus juste de dire tout simplement que vous nous faites prendre les mœurs de la licence, les habitudes du libertinage? Au lieu de nous faire avancer sur la route de la civilisation, n'est-ce pas en arrière, vers la barbarie, que vous nous ramenez?...

Plutarque, le grave, le judicieux Plutarque, nous fait remarquer que ce qui diminua considérablement la gloire de Périclès, c'est que, au lieu de relever l'esprit du peuple d'Athènes par de sages et fortes institutions, il contribua lui-même, au contraire, singulièrement à l'abaisser et à le corrompre, en l'habituant aux allures de la démagogie, en faisant boire aux citoyens, à longs traits et sans mesure, la coupe de la liberté. Aussi, ajoute-t-il, « le peuple s'aban-
» donnant à sa fougue, tel qu'un coursier qui n'a plus de
» frein, ne put être ramené à l'obéissance ; et, suivant le
» le langage des poëtes, il se mit à mordre à l'Eubée et à
» bondir sur les îles (1). »

Eh bien ! à la manière dont vous semblez vouloir vous y prendre pour implanter chez nous la liberté, n'est-il pas à craindre, ô gouverneurs de peuples, que vous n'attiriez sur notre pays le grand malheur, le malheur irréparable que, par un stupide désir de popularité malentendue, Périclès attira sur le sien ? Est-ce que jamais vous vous décideriez à accepter, à assumer sur vous une si lourde, une si terrible et si triste responsabilité, que de consentir à ce qu'on puisse avoir, un jour, raison de dire que de notre époque date la décadence de la France, comme on dit que celle d'Athènes date du temps de Périclès ?....

Pour arriver à la liberté, nous avons, en effet, plus d'un obstacle à vaincre, plus d'un écueil à éviter. En haut, sont les inconvénients du gouvernement personnel, de l'arbi-

XIX.

Ainsi, plus d'un obstacle s'oppose à l'établissement de la liberté; en haut, sont

---

(1) Plutarque, *vie de Périclès*.

traire ; en bas, se trouve, dans le courant démagogique, un danger plus redoutable encore, l'entraînement des passions, des appétits que l'être humain, s'il tient à prouver qu'il est digne du nom d'homme, c'est-à-dire, capable de se conduire par la raison, doit avoir la force de surmonter, de vaincre, et que, si cette force lui fait défaut, la civilisation et la loi ont pour mission, afin que d'autres n'en souffrent pas, de réprimer et de contenir dans de justes bornes. D'un côté se trouve Charybde ; de l'autre est Scylla : entre les deux écueils le passage est étroit, si étroit, qu'en voulant éviter l'un, on tombe presque nécessairement dans l'autre, si l'on ne sait prendre de sages et fortes précautions.

Eh bien ! pendant qu'il en est temps encore, voyons donc, ô gouverneurs de peuples, à prendre nos précautions ! Pour cela, revenons aux principes ; cherchons la lumière des principes, comme le pilote en péril cherche la lumière de l'étoile qui doit le sauver du naufrage ! D'ailleurs, à quoi vous servirait de vouloir, comme on dit, hurler avec les loups ? Votre voix, vous devez vous en apercevoir à la manière dont on l'accueille, à la façon dont on la respecte quelquefois, votre voix vous trahirait ; et, reconnaissant que vous n'êtes pas des leurs, ils ne tarderaient pas à vous dévorer.

L'infortuné Louis XVI faisait sans doute, lui aussi, à sa manière, l'essai, l'apprentissage de la liberté, quand, pour plaire à la multitude, il paraissait devant elle avec le bonnet phrygien sur la tête. Mais, sur un pareil terrain, la pente est glissante ; et, malheureusement pour lui et aussi pour la nation tout entière, il ne tarda pas à s'apercevoir qu'on l'entraînait plus loin que d'abord il ne pensait aller.

La triste, la cruelle, la déplorable expérience qu'il a faite, ne serait-elle donc pas encore suffisante pour nous instruire ! Est-ce que, après lui, nous voudrions nous exposer à être obligés de faire peut-être, nous aussi, le saut périlleux ! Est-ce que nous serions tentés de vouloir de nouveau faire passer la France par où elle a déjà passé tant de fois, avec tant de souffrances et si peu de bénéfices ! Comme les lapins du bon Lafontaine (fable 15, livre X), faudra-t-il donc toujours, pour que nous soyons sages, prudents, pendant quelques instants, que le mal nous ait atteints, brisés, broyés, presque anéantis !...

On n'entreprendra point ici de parler avec détail des inconvénients et des dangers que traîne après elle une liberté mal réglée, telle que paraît devoir être l'espèce de licence, plus ou moins échevelée, qu'on semble se disposer à introduire parmi nous dans ce moment ; on ne finirait point. On se contentera de dire, en passant, que déjà et pour peu que, dans notre beau et bon pays de France, on daigne faire attention à ce qui se fait, à ce qui se dit, à ce qui s'écrit, et, chose plus grave, beaucoup plus grave, à ce qui s'y enseigne publiquement et sous la responsabilité du pouvoir, c'est-à-dire par des chefs d'instruction qu'il impose au pays et qu'il fait payer aux contribuables — lesquels s'attendaient peut-être à un meilleur emploi des deniers qu'on tire d'eux — l'on est forcé, oui ! forcé de reconnaître que parmi nous il y a vraiment de quoi faire mal au cœur, s'il est permis de se servir de cette manière de parler.

XX.
Indication de quelques-uns des mauvais effets qu'une liberté mal réglée a déjà produits parmi nous.

Esprit de famille, idées saines, croyances, religion, morale, c'est-à-dire les bases de l'édifice social, les pierres fondamentales sur lesquelles il porte, tout paraît être à l'abandon, tout est délaissé, négligé ; tout est livré au caprice des démolisseurs !

Nulle protection — malgré des promesses pourtant bien explicites, bien solennelles — nulle protection sérieuse, valable, pour ce que nous autres ignorants, paisibles ouvriers des villes ou simples habitants des campagnes, regardons comme notre patrimoine de famille, comme nos véritables

et même nos seules propriétés, puisque souvent, hélas !
nous n'en avons pas d'autres ; mais propriétés qui nous suf-
fisent, dont nous nous contentons, avec lesquelles nous ne
demandons point à empiéter sur nos voisins, ou à partager
avec eux ce qu'ils possèdent ; nulle protection, en un mot,
pour ce qu'il nous plaît de considérer comme le meilleur
héritage qu'aient pu nous laisser ceux qui vivaient avant
nous, celui, par conséquent, que, dans notre simplicité —
mais la nature nous a ainsi bâtis — nous aurions le plus à
cœur de transmettre aux êtres que nous chérissons, à nos
enfants, destinés à vivre après nous et à continuer en quelque sorte ici-bas notre existence, au bonheur et à la sécurité desquels, par une suite nécessaire, il nous est impossible de ne pas nous intéresser avec la sollicitude la plus
vive, mais pour l'avenir desquels on semble, par des inno-
vations quelquefois si peu avouables, s'ingénier à nous
donner tant et de si cruels sujets d'inquiétude !

XXI.
Les efforts d'élo-
quence qu'on fait de
temps en temps pour
nous rassurer et nous
faire croire que nous
marchons dans la
voie du progrès, ne
réussissent que mé-
diocrement à nous
convaincre.

Il est vrai que, de temps en temps, l'on fait devant nous
des efforts d'éloquence pour tâcher de nous rassurer, pour
nous montrer que nous ne sommes pas stationnaires, pour
essayer de nous faire croire que depuis dix-huit ans nous
avons accompli de grands progrès, réalisé des améliorations telles qu'à nulle autre époque on n'en vît de semblables, etc., etc.

Sans doute — et ce n'est pas nous qui voulons ou qui
pouvons le contester — sans doute depuis dix-huit ans
nous avons marché, et considérablement marché ; mais de
quel côté, mais dans quel sens ?..... Sans doute, pendant
le temps dont on parle, la soif des richesses, le goût ou la
passion du luxe, l'amour des jouissances sensuelles se sont
singulièrement développés et ont pris chez nous un accroissement considérable ; et, si ce sont là des améliora-

tions dont on ait lieu de se féliciter, on a raison de dire
que nous avons grandement progressé, on a lieu d'être
fier.....

Mais l'esprit de famille, mais l'esprit de subordination,
mais l'amour du devoir, mais tous les sentiments, en un
mot, qui, en faisant la valeur de l'individu, contribuent à
resserrer les liens de la société et à former sa cohésion, se
sont-ils fortifiés, ont-ils grandi, s'il est permis de s'exprimer ainsi, dans la même proportion ?.....

Mais cette force, si dense, si compacte, si homogène,
dont la France fit preuve par ses votes il y a dix-huit ans,
a-t-on su, elle aussi, l'augmenter, l'améliorer ?.... L'a-t-on
même conservée au point où elle était alors? Ne l'a-t-on pas
au contraire quelque peu laissée s'affaiblir, se diminuer, se
détériorer ? N'est-il pas malheureusement trop vrai de dire
que sous l'influence délétère, sous l'action corrosive de tel
ou tel dissolvant, cette force si grande au commencement
s'est émiettée, éparpillée, et que journellement encore,
sous les mêmes influences, elle se fond, se dissout, et s'en
va par lambeaux, à peu près comme un terrain mouvant
est insensiblement corrodé, emporté par le courant d'eau
contre lequel on n'a pas pris à temps la précaution de le
garantir, de le protéger ? D'ailleurs, à quoi bon chercher à
démontrer par des paroles ce que le résultat des élections
de 1869 vient de se charger de prouver d'une façon bien
autrement convaincante, c'est-à-dire par le langage brutal,
irréfutable des chiffres? Comparé à celui de 1852, —
dont pendant les dix-huit dernières années le souvenir a
été souvent évoqué, et surtout si amoureusement caressé
— le résultat de 1869 est un pendant terriblement significatif, — on dirait presque le revers de la médaille, montrant
au moins clairvoyant où, dans peu, l'on arrivera presque

nécessairement, si la manière d'agir de l'avenir ne diffère pas de la manière d'agir du passé. Sans doute, il indique encore un succès obtenu par le pouvoir, mais succès tel que, eu égard aux circonstances diverses au milieu desquelles il s'est produit, il semble loin d'être pour lui tout à fait rassurant, et que plutôt il ferait presque involontairement penser au mot de Pyrrhus, lorsque les Tarentains le félicitaient de sa victoire sur les Romains : Encore une pareille, dit-il, et nous sommes perdus.....

Et nos lois, nos tristes lois ! trouve-t-on, peut-on trouver en elles des gages ou même des indices d'amélioration, de progrès ? Renferment-elles, dans l'ordre politico-social, des dénouements importants, depuis longtemps désirés ? Sont-elles devenues pour nous quelque chose comme le marche-pied, à l'aide duquel, nous élevant dans une atmosphère plus saine et moins saturée de ces vapeurs qui produisent les ténèbres, nous pourrons enfin arriver à imposer silence à nos rancunes et à clore définitivement l'ère de nos funestes dissensions ? Ne donnent-elles pas au contraire trop souvent lieu de dire qu'elles ne servent qu'à épaissir le brouillard intellectuel au sein duquel nous végétons, qu'à rendre plus tortueuse, plus obscure, plus difficile à trouver, la route que nous devons suivre ? Ne donnent-elles pas trop souvent lieu de dire que déjà, et à elles seules, elles suffiraient presque à faire croire que l'esprit de vertige nous envahit et que nous ne saurons bientôt plus à quelle pierre nous raccrocher ? Quel arsenal de désordre et de confusion ! L'on fait et l'on défait avec un entrain à rendre jalouse, si elle vivait encore, la feue reine Pénélope ! Quels résultats négatifs !..... quels tristes replâtrages !..... On serait tenté de dire quelles toiles d'araignée, bonnes à balayer quelquefois, même avant d'avoir été achevées !.....

Terribles, mais inévitables conséquences du défaut de principes ! Terribles, mais inévitables suites de la faute grave, lourde, capitale, que commettent ceux qui gouvernent, quand, au lieu de puiser dans le sentiment de leur position, dans les exigences de la raison, de la justice, le mobile de leur conduite, le funeste et très-funeste caprice leur prend de chercher à se mettre à la tête de ce qu'ils appellent « les idées de leur siècle ou de leur temps, » de marcher à peu près sans défiance dans la direction de ces idées, lorsque malheureusement elles peuvent être fausses, que trop souvent et de par l'expérience elles sont fausses et mènent au précipice ! ! !

Oui ! et l'on aura beau s'épuiser en efforts d'éloquence pour nous parler de progrès accomplis, pour nous faire croire aux améliorations réalisées ; les claqueurs officiels ou officieux auront beau battre des mains ; les courtisans, les adulateurs de la presse et autres lieux — car on la retrouve partout cette vilaine engeance — auront beau s'épuiser à force d'applaudir, le fait est, la vérité qui saute aux yeux de tous est, pour notre honte et aussi pour notre détriment, que vraiment il y a parmi nous, comme on le disait tout à l'heure, de quoi faire mal au cœur, et cela, non pas seulement dans notre manière de faire les choses qui ne sont que de mince importance, non pas seulement dans notre façon d'envisager les questions qui ne présentent qu'un médiocre intérêt, mais dans la manière dont nous comprenons, dont nous traitons, ou plutôt dont nous gâchons, s'il est permis de s'exprimer ainsi, les questions capitales : liberté, religion, morale ; dans la manière dont nous nous acquittons des devoirs les plus sérieux, dont nous accomplissons les actes les plus essentiels, les plus indispensables à la vie des peuples : législation, instruction publique, etc., etc...

Aussi pour donner à qui n'en serait pas témoin, une idée du désordre intellectuel et moral, de l'espèce de gâchis ou

XXIII.

Le progrès qu'on accuse parmi nous n'existe que dans les mots ; en réalité et par notre manière de comprendre les questions capitales, d'accomplir les actes les plus essentiels, les plus indispensables à la vie des peuples, notre situation actuelle offre un spectacle dont nous n'avons pas lieu d'être fiers et qui est loin d'être rassurant.

de chaos au sein duquel nous nous débattons, — et que quelques-uns ne craignent pas de qualifier de progrès — il ne serait pas, ce semble, besoin de grands frais d'imagination ; le mieux serait peut-être, en conservant et en suivant la vieille formule élémentaire, de dire tout simplement :

> Nous pataugeons,
> Vous pataugez,
> Ils *ou* elles pataugent...

en continuant de la même façon, pour le futur, tant que la ligne de conduite adoptée parmi nous continuera d'être suivie, c'est-à-dire, tant que le bon sens et la raison n'y auront pas repris l'empire qui leur appartient sur la passion, sur le caprice, ou plutôt sur la folie qui agite en ce moment ses grelots, qui, de tous les côtés, sous toutes les formes, s'introduit dans notre société, et qui partout se trouve être la bienvenue....

Tout cela, comme progrès, n'est pas beau ; tout cela n'est pas honorable ; tout cela n'est pas trop avouable pour un grand peuple, surtout quand ce peuple s'appelle la France ; tout cela, en définitive, et quand on envisage l'avenir, ne semble pas bien rassurant ; mais malheureusement pour nous — et il suffit d'avoir des yeux pour s'en convaincre — tout cela n'est que trop vrai...

Est-ce que de nos jours on en serait encore à avoir la prétention de faire l'ordre avec le désordre !... La raison, à l'exemple d'Astrée, aurait-elle donc, elle aussi, quitté la terre !...

XXIV.

Pendant qu'il en est temps encore, revenons donc aux principes. La vie en société est la mise à

De grâce ! pour notre honneur, pour l'honneur de l'humanité, et aussi pour le salut de tous, tâchons donc de réfléchir ! Si nous en sommes capables, tâchons de raisonner un peu, de mettre de la suite dans nos idées ! Comme on le disait tout à l'heure, revenons aux principes ; car, décidément, nous péchons par la base, nous manquons par les principes, pour ne pas dire que nous manquons de principes ! Voyons donc une bonne fois, si nous ne pourrons pas enfin trouver et saisir le fil d'Ariane qui doit nous aider à nous tirer du labyrinthe ! Ayons honte de patauger ; ayons honte de toujours gâcher la besogne à laquelle nous mettons la main !.....

Impossible avec le gouvernement personnel, incompatible avec l'arbitraire, la liberté est plus impossible, plus incompatible encore avec la licence démagogique.

En effet, est-ce que c'est la liberté dans une association quelconque, quand les volontés des uns empiètent indûment sur les volontés des autres ? Les premiers peut-être, en pareil cas, peuvent se croire libres à leur manière ; mais les seconds le sont-ils ? Mais ceux qui souffrent des empiétements, mais ceux qui s'en plaignent et qui en gémissent, sont-ils libres ? Ont-ils lieu d'être contents ?

Chose inconcevable, au milieu des lumières de notre civilisation ! anomalie bizarre ! nous parlons de société, de contrat social ; par conséquent nous savons, ou nous devons savoir que la vie en société est la mise à exécution d'un contrat plus on moins explicite, et toujours la règle qui forme la base élémentaire des conventions, des contrats, est par nous méconnue, foulée aux pieds, sacrifiée ! En haut ou en bas, selon que le point d'où part l'impulsion dirigeante a changé de place, toujours il arrive que quelques individus empiétent mal à propos sur les droits des autres membres de l'association ; toujours on voit des gens qui, en disposant de ce qui ne leur appartient pas, heurtent, froissent les volontés du plus grand nombre, jusqu'à ce que la patience des opprimés, des souffre-douleurs, soit enfin poussée à bout, et qu'un ordre de choses qui ne valait

exécution d'un contrat plus ou moins explicite ; cessons de méconnaitre, de violer, de fouler aux pieds la règle qui forme la base élémentaire des conventions, des contrats ; et si sérieusement nous désirons voir des jours meilleurs, revenons à la justice.

rien, vienne faire place à un ordre de choses qui trop souvent ne tarde pas à prouver que lui-même il ne vaut peut-être pas mieux.....

Oui ! toujours l'empiétement ; jamais la justice, la vraie justice ; partout, toujours des sujets de mécontentement, toujours des ferments de discorde ; jamais l'apaisement, jamais la paix ?....

Et nous nous étonnons que nos sociétés modernes soient si chancelantes, si vacillantes ; nous nous étonnons que les gouvernements, qui sont à leur tête, soient si peu stables, si peu solides : mais c'est précisément le contraire, s'il pouvait avoir lieu, car il est absolument impossible, qui devrait nous surprendre, nous étonner !

Suivant l'ordre naturel des choses, nous récoltons ce que nous avons semé : nous semons l'injustice, forcément nous devons récolter le mécontentement et le désordre. Au lieu de rapprocher, nous désunissons, nous désagrégeons ; au lieu d'édifier, nous démolissons ; à qui donc la faute si notre prétendu édifice social croule à chaque instant ? Lorsque nous avons ce que nous méritons, ce que nous avons cherché, ce que nous avons voulu, de quoi nous plaignons-nous, de quoi sommes-nous en droit de nous plaindre ?

Donc et avant tout, si sérieusement nous désirons voir des jours meilleurs, adressons-nous à la justice, revenons à la justice !

XXV.
La justice, c'est le plan de la nature ; c'est l'ordre, c'est la paix. C'est par la justice que l'harmonie a été établie entre les différentes parties de l'univers et que

La justice...... c'est l'ordre établi par la nature ; c'est sa volonté suprême et définitive ; c'est la loi qu'elle-même a suivie, quand, par une équitable pondération, disposant tout avec force et avec douceur, elle débrouilla le chaos et fit cesser cette espèce de guerre qui originairement existait entre les éléments constitutifs des choses : *Hanc Deus et melior litem natura diremit*..... (OVIDE).

C'est par la justice de Dieu que les cieux ont été affermis, consolidés. C'est cette justice qui, délimitant l'espace dans lequel devaient se mouvoir ces globes si volumineux et pourtant si nombreux, qui semblent nager dans l'immensité, a fait que chacun d'eux connaît sa route, qu'il n'en sort pas, que jusqu'à un certain point il la suit librement, et qu'ainsi tous concourent à former ce concert si harmonieux que nous ne pouvons assez admirer, parce que jamais ils n'empiétent, si l'on peut parler ainsi, l'un sur le terrain de l'autre; parce que jamais ils ne nuisent à la mouvementation de leurs voisins, mais qu'au contraire aussitôt qu'ils ressentent l'approche, l'influence de ce voisinage, et comme s'ils ne voulaient pas porter préjudice à ses droits ou le gêner, ils s'arrêtent d'eux-mêmes, malgré la rapidité de leur marche, reviennent en quelque sorte sur leurs pas, pour continuer ainsi, dans leur orbite, toujours assez grande pour eux, leur marche régulière, mais toujours libre, par la raison bien simple que s'ils ne gênent pas, s'ils ne paralysent pas la mouvementation des autres, les autres aussi respectent et ne paralysent pas la leur.

les globes célestes ont été amenés à se mouvoir dans leurs orbites, avec une si grande régularité et pourtant au si avec toute la liberté dont ils avaient besoin pour concourir à la beauté de l'ensemble et ne pas y porter le trouble; c'est aussi par la justice que l'accord pourra être établi entre les volontés humaines, et que celles-ci obtiendront la liberté qu'elles désirent et dont elles ont besoin.

Eh bien! souffrez qu'on vous le dise, ô législateurs, ô gouverneurs de peuples, c'est aussi par la justice, c'est-à-dire en faisant des lois qui, sur chaque point important, montrent clairement à chaque individu jusqu'où il peut aller et où il doit s'arrêter pour ne pas nuire à ses semblables, puis en faisant équitablement et sans trop de mollesse exécuter ces lois, que vous parviendrez à affermir et à consolider les états; parce que c'est ainsi que, traçant devant les volontés de vos subordonnés l'orbite ou le cercle dans lequel, pour leur bien personnel et sans avoir le droit de nuire à autrui, il leur est permis de se mouvoir, vous arriverez à établir l'accord entre ces volontés, à maintenir et faire régner entre elles l'ordre et la paix; et, s'il est permis de parler de la sorte, à leur faire exécuter un concert plus ou moins analogue à celui dont l'harmonie qui règne entre les globes célestes nous offre un si admirable exemple.

On peut ajouter que c'est ainsi, et ainsi seulement que vous parviendrez à fonder la liberté, la liberté vraie, la liberté pour tous ; car, quand elle n'est pas égale pour tous, ce n'est plus la liberté : c'est la tyrannie, c'est l'esclavage.

XXVI.

Ils se trompent grossièrement ceux qui croient qu'en desserrant ou en supprimant le lien de la loi, on favorise la liberté. C'est précisément le contraire qui a lieu : la loi est ou doit être la garantie de la liberté de tous ; quand son action cesse, c'est l'extension du droit de mal faire qui s'opère en faveur de quelques-uns et au détriment du plus grand nombre. La liberté sociale, par la nature même des choses, ne peut être qu'une liberté restreinte, basée sur la justice.

Par instants, ô législateurs, ô gouverneurs de peuples, vous avez l'air de croire que c'est en relâchant, en desserrant le plus possible, on dirait presque en supprimant le lien de la loi, en faisant disparaître la coercition qu'elle fait peser sur les membres de l'association, que l'on parvient à donner la liberté à un peuple. Le moindre inconvénient d'une semblable manière de comprendre les choses, serait sans doute de bientôt rendre parfaitement inutile pour vos subordonnés le ministère que vous remplissez auprès d'eux, et qui, naturellement, n'est pas sans leur coûter quelque peu : mais rassurez-vous ; pour votre avantage, on n'a pas encore adopté toutes les conséquences de vos idées, malgré l'appui que, de propos délibéré ou non, vous prêtez à ceux qui voudraient nous lancer dans cette voie, peut-être dangereuse. On n'en est pas encore venu parmi nous au point d'admettre en principe que l'action gouvernementale n'a pas sa raison d'être.

Pour être libre, il faut à l'être humain une certaine virilité : il a besoin d'une dose de force, que ses penchants, que ses passions ne laissent pas toujours entière. En suivant ses penchants, en cédant à ses passions, il peut arriver, et forcément il arrive qu'il porte préjudice à ses semblables ; et c'est alors que l'action de la loi doit l'arrêter, le retenir, parce que, par la manière dont trop souvent il lui prend fantaisie d'user de sa liberté, il froisse, il blesse et détruit la liberté de ses co-associés. Aussi l'auteur du *Contrat social*, que quelques-uns ont appelé le législateur de la démocratie, nous dit-il lui-même, livre I, chapitre VII, que forcer le citoyen de se soumettre à la volonté générale, d'obéir à la loi, c'est tout simplement le forcer d'être libre; puisque, ajoute-t-il, ce n'est que par ce moyen et à cette condition qu'il est garanti de toute dépendance personnelle.

D'ailleurs, si, dans les lois que vous faites, vous vous proposez de donner satisfaction aux passions, en leur accordant plus ou moins ce qu'elles demandent, au détriment de ceux à qui ses passions satisfaites porteront préjudice, est-ce que vous ne vous apercevez pas que vous vous embarquez dans une voie périlleuse ?... Est-ce que, tout d'abord, vous ne voyez pas que vous tentez l'impossible, et qu'au lieu de réussir, vous vous épuiserez en efforts inutiles, en voulant emplir le tonneau des Danaïdes ? Non-seulement la passion est aveugle, mais a-t-elle donc jamais dit : C'est assez ?.....

De toute nécessité et par la nature même des choses, la liberté sociale est une liberté restreinte, limitée. Par conséquent, ceux qui voudraient jouir, au sein de la civilisation, d'une liberté illimitée, demandent l'impossible. Pour satisfaire leur fantaisie, pour contenter leurs caprices, il ne leur reste d'autre moyen que d'aller vivre parmi les sauvages, de retourner au fond des bois. Et les législateurs qui consentiraient à les écouter, qui auraient la faiblesse d'avoir égard à leurs folles prétentions, montreraient tout de suite qu'ils sont au-dessous de leur noble tâche, qu'ils ne comprennent absolument rien à la haute mission qu'ils sont chargés de remplir.

Si donc la liberté n'est possible ni avec la compression arbitraire venant d'en haut, ni avec la licence démagogique régnant en bas, il n'est pas moins vrai de dire qu'elle ne gît pas, qu'elle ne peut pas se trouver dans l'extension du droit de mal faire. Une pareille extension ne profiterait, si l'on peut employer ce mot, ne servirait qu'à quelques-uns et serait la négation de la liberté du plus grand nombre. Du même coup, la justice serait foulée aux pieds et la liberté périrait étouffée avant même d'avoir vu le jour.

Tant il est vrai de dire que, quand on parle de liberté parmi nous, si l'on est de bonne foi, si ce n'est pas un privilége exclusif au profit du mal qu'on veut créer, établir, si c'est une liberté égale pour tous qu'on cherche sérieusement à fonder, comme il semble que cela devrait être, une telle liberté ne peut reposer que sur la justice, ne peut être fondée que par la justice.

XXVII.

Pour les membres des sociétés, dont les nombreuses ramifications composent la grande famille humaine, la liberté, c'est le retour sur terre de cette justice primitive qui fit goûter aux premiers hommes les délices de l'âge d'or, mais que les crimes et les guerres forcèrent bientôt à chercher un asile dans le ciel. Que les législateurs, que les gouverneurs de peuples la fassent donc revenir parmi nous, et du même coup ils y ramèneront la liberté.

La liberté ! on va la chercher où elle n'est pas, où, par conséquent, il n'est pas possible qu'on puisse la rencontrer ; on fait de grands et inutiles efforts pour aller la trouver bien loin, quand elle est tout près de nous ; quand nous en avons le type, le modèle dans les sentiments qui forment le fond de notre être, dans les sentiments que tous nous trouvons, bon gré mal gré, dans nos consciences.

La liberté ! mais c'est tout simplement une meilleure entente, une meilleure distribution de la justice...

La venue, l'arrivée de cette liberté que nous désirons, que nous appelons de nos vœux, que nous attendons, oh ! mais c'est tout bonnement le retour parmi nous de cette justice primitive et bienfaisante qui, après avoir, comme dit le poëte, fait goûter aux premiers hommes les délices de l'âge d'or, voyant avec douleur que les crimes inondaient la terre, que la discorde et les guerres la rougissaient de sang, avait été forcée de chercher un asile dans le ciel :

.... Virgo cæde madentes,
Ultima cœlestûm, terras Astræa reliquit. (OVIDE.)

Mais n'oublions pas que, si elle a quitté notre infortunée planète, elle ne l'a fait qu'à regret et comme par force ; *ultima cœlestum ;* elle est toujours prête à y revenir ; ses délices sont d'être avec les enfants des hommes ; et il n'y a que leur aveuglement et leur mauvais vouloir à mettre obstacle à son retour parmi eux, à l'empêcher de venir encore les combler de ses bienfaits et réparer les maux si grands que leur a causés une absence déjà beaucoup trop prolongée.

Donc, donc, ô législateurs ! Donc, ô gouverneurs de peuples ! si vous voulez rester à l'abri des reproches, si vous tenez à ne pas encore paraître déchoir en présence de l'enseignement qui nous vient et des malheurs du passé et des simples lumières que, pour nous conduire, nous avons reçues de la nature, faites, mais faites surtout et avant tout votre étude de la justice ; tâchez de comprendre ce qu'elle est, ce qu'elle vaut, ce qu'elle peut ; tâchez de l'appliquer de manière que vous ne donniez à personne le droit de se plaindre de vous, le droit de vous jeter la pierre, et alors nous serons libres, mais tous libres, et autant qu'il est humainement possible de l'être :

Discite justitiam moniti, et non temnere Divos. (Virgile.)

La justice, par sa disparition, ayant cessé de faire sentir aux habitants de notre planète déshéritée la salutaire influence que, pour leur bonheur et d'après le plan du grand organisateur des choses, elle devait continuellement exercer sur eux, et étant ainsi, mais par leur faute, devenue en quelque sorte inactive, inefficace vis-à-vis d'eux, tout s'en est ici bas ressenti d'une façon malheureuse, déplorable. L'ordre a été remplacé, détrôné par le désordre. Les volontés, n'étant plus retenues dans les limites qu'elles ne devaient pas franchir, sont devenues errantes, vagabondes, à peu près comme des astres égarés qui, n'obéissant plus à la loi de leur centre d'attraction, seraient emportés, en

XXVIII.

La disparition de la justice avait produit sur notre globe les plus funestes effets. Les volontés étant devenues comme des astres égarés, qui errent en dehors de leur orbite, les formes gouvernementales n'étaient plus elles-mêmes que des machines faussées, incapables de fonctionner, parce que les pièces entrant dans leur composition n'étaient pas d'accord entre elles. L'activité individuelle n'étant pas protégée par la justice, ne jouissait plus de la liberté, et les tiraillements dans tous les sens étaient devenus nécessaires, inévitables.

dehors de leur orbite, dans une fausse voie, et qui, loin de concourir à l'harmonie et à la beauté de l'ensemble, y seraient des causes de perturbation, peut-être même des sujets d'effroi....

Par suite de ce bouleversement du système primitif, de cet oubli du plan de la nature, les formes gouvernementales — monarchique, républicaine, etc. — sont devenues comme ces machines faussées, incapables de fonctionner, dont on ne peut tirer parti, qu'on ne peut faire servir à l'usage pour lequel elles ont été inventées, parce que les pièces qui entrent dans leur composition ne sont pas d'accord entre elles, et que si l'une fonctionne d'une façon, tire dans un sens, l'autre fonctionne d'une manière différente, pousse dans un sens contraire. Cent fois et plus peut-être elles ont été successivement essayées ; cent fois, par suite des mauvais services qu'elles rendaient, elles ont été tour à tour mises au rebut, puis alternativement reprises avec des modifications plus apparentes que réelles, quand on s'apercevait que la forme substituée était plus intolérable encore que celle dont elle avait pris la place ; et aujourd'hui, après tant d'essais malheureux, après tant de maux, tant de souffrances, les hommes en sont encore à se quereller, à se disputailler entre eux sur la question de savoir à quelle forme ils devront enfin s'attacher, donner la préférence, ne comprenant pas, les grands enfants qu'ils sont ! que le nom, quel qu'il soit, donné à la machine, n'est rien, mais que l'accord qui, par un juste équilibre, règne entre ses différentes pièces et les fait concourir au même but, est tout...

Il semble qu'il n'est pas besoin d'être bien clairvoyant, pour reconnaître que si la disparition de la justice a été si funeste, si préjudiciable aux membres de la grande famille humaine, c'est que, en s'en allant, la justice a emmené avec elle la liberté, ou plutôt c'est que la justice et la liberté n'étant qu'une seule et même chose, considérée sous des aspects différents, du moment que la justice disparut, il n'y eut plus de liberté ; du moment qu'on ne vit plus parmi les hommes qu'une apparence de justice, qu'une justice plus ou moins faussée par l'arbitraire, plus ou moins courbée sous le caprice, on n'y vit plus aussi qu'une apparence de liberté, qu'une liberté fausse, trompeuse, qu'une liberté de nom.

L'activité individuelle, qui est, dans chaque Etat, le premier élément de la force nationale, le premier atome destiné à concourir à sa formation, se trouvant, en l'absence de la justice, sinon entièrement paralysée, du moins placée dans des conditions précaires, extrêmement défavorables, il devient dès lors nécessaire que des tiraillements en sens contraire se fassent sentir presque à chaque instant ; il devient nécessaire que la machine gouvernementale ne puisse cheminer qu'en cahotant, et que bientôt elle arrive à se détraquer, puis à se disloquer complétement. Dans son organisation, elle pèche contre les lois les plus élémentaires de l'équilibre, du bon sens, de la raison....

La liberté, ne pouvant exister par la justice, a dû nécessairement disparaître avec elle..

Il n'est pas jusqu'à l'idée de la liberté, jusqu'à sa notion la plus claire, qui ne se soient altérées, qui ne se soient obscurcies, faussées dans un milieu où la justice n'avait pas le dessus. Bientôt on fit de la liberté la compagne du bouleversement, l'auxiliaire du désordre. C'est de son nom que les factieux, les mécontents se servirent pour lever l'étendard de la révolte, pour imposer leur volonté à la volonté du plus grand nombre ; c'est en son nom que trop souvent des individus, en réalité peu nombreux, ont fait des révolutions, que les peuples au nom desquels ils prétendaient les faire, étaient loin de désirer, loin de demander.

De là vient, sans doute, que beaucoup de gens ne peuvent être sans appréhension, quand il est devant eux question de la liberté ; de là vient que son nom seul produit sur eux l'effet d'un véritable épouvantail. De là vient que parmi nous la liberté est elle-même devenue une pierre d'achoppement pour la liberté, un obstacle à son installation. On craint, avec raison, que, au lieu de la liberté véritable, de la liberté qui consolide et édifie, on ne nous baille qu'une liberté de mauvais aloi, celle qui effraie, celle qui ébranle, celle qui renverse et qui détruit ; en un mot, et à quelque chose près, la liberté dont jouit le sauvage, la liberté de la barbarie, laquelle pourtant — quoiqu'on dise et quoiqu'on fasse — ne semble guère destinée à s'acclimater dans un pays tel que le nôtre.

XXX.
Un trait de l'histoire contemporaine peut nous donner une idée de ce qu'est la fausse liberté, des maux qu'elle a déjà produits, de ceux plus grands encore qu'elle peut produire à l'avenir et de la manière dont nous devons nous comporter vis-à-vis d'elle.

Si l'on veut, en passant, se faire une idée exacte de ce qu'est la fausse liberté, des maux qu'elle a déjà produits et de ceux plus grands encore qu'elle peut produire à l'avenir, qu'on veuille bien permettre ici une petite excursion dans l'histoire contemporaine.

Pendant des siècles entiers, Alger, qui aujourd'hui fait partie de la France, a été, pour la civilisation, une tache, une honte, presque un danger. Pendant des siècles entiers, en effet, ce fut le repaire où, comparables à des oiseaux de proie dans leur aire, des brigands, des écumeurs de mer, retranchés dans des forteresses inexpugnables, placées elles-mêmes sur des rochers inaccessibles, armaient des navires, équipaient des flottes qui portaient dans tous les environs et jusques dans les parages les plus éloignés une funeste déprédation. C'était la piraterie s'exerçant ouvertement, en plein jour, sur la plus vaste échelle, à la barbe et au détriment des nations les plus puissantes, dont aucune ne semblait de taille à pouvoir se faire respecter. Toutes, au contraire, la France, l'Angleterre, la Hollande, les États-Unis d'Amérique, etc., voyaient leurs navires de commerce capturés, leurs provinces maritimes ravagées, leurs sujets enlevés, faits prisonniers, et pour le rachat de ceux-ci payaient honteusement de très-fortes rançons. Charles-Quint, Louis XIV — celui-ci à plusieurs reprises — essayant inu·tilement de démolir le repaire et d'en chasser les occupants, Napoléon 1er payant, en 1805, au dey d'Alger quatre cent beaux mille francs, pour la rançon d'esclaves français, italiens et liguriens, tout dénotait une puissance avec laquelle il fallait compter, devant laquelle les plus forts, les moins endurants étaient obligés de s'incliner. La Sainte-Alliance elle-même que l'amiral sir Sidney Smith, indigné, vint au congrès de Vienne supplier d'en finir par la conquête d'Alger, fit la sourde oreille et recula devant l'entreprise. Enfin, le jour vint où la France insultée, outragée, poussée à bout, fut obligée de se charger, à elle seule, de la besogne. Le repaire fut attaqué ; le nid de la piraterie fut détruit, balayé, nettoyé, et l'Algérie devint le midi de la France......

Eh bien ! ce que, pendant longtemps, Alger a été, pour la civilisation, sous le rapport matériel, la fausse liberté l'est aujourd'hui vis à vis de nous, et avec des points à rendre sous le rapport intellectuel et moral. On ne veut pas dire tout à fait que ce soit dès à présent un repaire de brigands, car quelques uns de ceux qu'on y trouverait, sont sans doute de bonne foi, et la bonne foi est toujours respectable ; aussi toujours on s'incline devant elle, toujours on la respecte. Mais, avec la meilleure volonté du monde, il est impossible de ne pas reconnaître qu'il y a là le commencement du plus grand des dangers que puisse courir la civilisation et aussi du plus grand des maux qu'elle ait à redouter. N'est-ce pas là, en effet, qu'est le réceptacle où se réfugient et se donnent rendez-vous tous ceux qui veulent faire le métier de pirates intellectuels?...... N'est-ce pas là qu'est placé leur quartier général, et que pour eux se trouve le terrain propice, favorable, choisi d'avance, où ils se placent et se tiennent en embuscade pour exercer leur honteuse et déplorable industrie?.......

Un semblable guêpier doit-il donc exister? doit-il être toléré? En pleine civilisation, comment se fait-il qu'un terrain, que, à cause des accidents mêmes du sol, à cause des anfractuosités de toute sorte qu'il renferme, on sait être si propre à favoriser le mauvais vouloir, à receler le guet-apens, n'ait pas été depuis longtemps déblayé, nivelé, livré à la circulation publique? Veut-on décidément que peu à peu et avec le temps il s'y forme un repaire de brigands, un nid de pirates plus inexpugnable, plus dangereux encore que celui qui disparut par la prise d'Alger?...

Les populations qui souffrent et qui se plaignent hautement des déprédations commises à leur préjudice, ont besoin d'être rassurées ; elles demandent qu'on les protége ; bien plus, elles ont droit, mais un droit rigoureux, à être protégées ; sans quoi elles seront autorisées à dire et à répéter qu'on ne remplit pas à leur égard les engagements contractés.....

Du moment que la tranquillité publique est menacée ; du moment que la sécurité de Rome est compromise, Carthage ne peut plus exister ; de toute nécessité donc, Carthage doit disparaître ; de toute nécessité, le boulevard de la fausse civilisation, le rempart de la piraterie intellectuelle doit être démoli et disparaître avec la fausse liberté : il faut que cette autre Algérie devienne aussi terre fançaise ; *Delenda est Carthago !*.....

XXXI.
Le temps est venu
où la liberté ne doit

Aujourd'hui que nous nous vantons d'être dans la voie du progrès ; aujourd'hui que nous croyons être des hommes parvenus à l'âge de majorité, c'est-à-dire capables de se conduire, capables de voir les fautes commises par leurs devanciers et de les éviter, le temps est venu où la liberté ne doit plus être un leurre ; le temps est venu où la liberté, fondée, basée sur la justice, doit cesser d'être malfaisante, et, par suite, de produire sur les esprits l'effet d'un épouvantail. Oui ! pour nous le temps est venu de réhabiliter la liberté, et, en montrant définitivement ce qu'elle est, de réconcilier enfin tout le monde avec elle.

Le temps est venu où, loin de faire trembler non pas seulement ceux qui sont assis sur les trônes, mais tous les hommes de bonne volonté, qui, dans la modeste position où ils se trouvent, n'ont d'autre intention que de remplir la mission que la Providence, ou, si on l'aime mieux, que la nature leur a confiée, la liberté réhabilitée devra être pour tous une garantie, un gage de sécurité. Il faut qu'à l'avenir le cri de : Vive la liberté, qui trop longtemps a été un cri de renversement et de désordre, un cri alarmant pour le plus grand nombre, devienne un cri rassurant, parce que désormais il sera synonyme de : Vive le respect des droits de tous en général et de chacun en particulier ; parce que, à l'avenir, vive la liberté voudra dire : Vive tout ce qu'il y a de meilleur pour la pauvre humanité, c'est-à-dire, vive l'ordre, vive la tranquillité, vive la paix, vive la patrie, vive la famille ; on peut même ajouter : vive la religion, vive la morale, pour ceux à qui il plaira de chercher leur bonheur dans les sentiments religieux et de ne pas croire à la prétendue morale indépendante.....

Eh bien ! par la position que vous occupez, et pour répondre à la confiance que nous avons mise en vous, c'est à vous, ô législateurs, ô gouverneurs de peuples, qu'incombe l'œuvre de cette grande, de cette importante réhabilitation.

plus être un leurre, où elle doit cesser d'être malfaisante et de produire l'effet d'un épouvantail ; il faut qu'à l'avenir le cri de vive la liberté, au lieu d'effrayer, devienne un cri d'ordre, de paix, un cri rassurant pour tous les hommes de bonne volonté.

XXXII.

C'est aux législateurs, aux gouverneurs de peuples, qu'incombe l'obligation d'opérer cette réhabilitation de la liberté, en réintégrant parmi les hommes, en obligeant à redescendre au milieu d'eux cette justice, qui doit faire leur bonheur et qui ne les a quittés qu'à regret.

C'est à vous qu'il appartient d'opérer ce redressement considérable. Et, si aujourd'hui nous osons vous rappeler que c'est votre devoir de le faire, nous nourrissons le doux espoir que bientôt ce sera votre honneur, votre gloire de l'avoir fait.....

Au lieu de continuer à agir sur nous à la manière d'astres errants, d'astres vagabonds qui, sortant eux-mêmes par instant de leur orbite, tendraient à nous entraîner, nous, leurs simples satellites, hors de la sphère d'activité qui est la nôtre, à nous soustraire à l'influence du grand, du principal, du premier moteur des choses, à l'influence du soleil par excellence, du soleil auquel tous les autres soleils obéissent, par la puissante impulsion ou expansion duquel ils sont tous mis en mouvement, faites-nous rentrer au contraire dans le concert universel ; c'est-à dire ramenez-nous dans les sentiers de la justice ; réconciliez-nous avec la justice ; réintégrez parmi nous la justice ; faites-la redescendre sur notre malheureuse planète ; faites-la revenir parmi les hommes, et, du même coup, vous y aurez fait revenir la liberté, mais la vraie liberté, non la liberté-épouvantail, non une liberté fausse, une liberté de pacotille, comme celle dont on semble, par instants, vouloir nous faire cadeau.

XXXIII.
La voie de la justice est la voie dans laquelle doit s'efforcer de se tenir debout l'être portant figure humaine. La force de la justice est le rempart naturel, la véritable protection de ceux qui gouvernent, parce

Est-ce que vous ne voyez pas, est-ce que vous ne sentez pas que cette voie, la voie de la justice, est celle qui convient à l'être portant figure humaine, celle dans laquelle l'homme doit s'efforcer de se tenir debout et de cheminer, si décidément il tient à être ce que la nature a désiré qu'il fût ?.....

Mais c'est la valeur intrinsèque, la puissance, la force incomparable de la justice, qui semblent surtout devoir attirer l'attention de ceux qui s'occupent du gouvernement des peuples ! S'ils savent mettre la justice de leur côté, elle deviendra pour eux la meilleure protection qu'ils puissent se procurer ; elle sera pour eux un rempart inexpugnable derrière lequel ils n'auront rien à craindre.

La force matérielle, la coercition physique n'agit que sur le corps, n'atteint que les membres, c'est-à-dire la partie basse, la partie inférieure, la moindre partie de l'être humain ; la justice, elle, ah ! c'est la force par excellence, qui s'adresse même à son intelligence et lui fait baisser pavillon. La justice, c'est le mode de coercition qu'il convient d'employer vis-à-vis des êtres doués de raison : c'est, en tout état de choses, le moyen de réduire les contradicteurs au silence.

Qui donc, à moins de renoncer à la qualité d'être raisonnable, peut résister à la justice, se tenir en face d'elle et la contredire ? Qui, s'il veut continuer à être homme, n'est pas forcé de reconnaître sa loi, de s'incliner devant elle, de la respecter, de lui obéir ? Aussi le prince des orateurs latins, auquel on ne peut refuser d'avoir été en même temps un philosophe profond, disait il y a déjà bien longtemps qu'elle est la maîtresse, la reine de tous : *Justitia est omnium domina et regina*. (Cic., II, Off. 8.)

Oui ! la justice est la maîtresse, la reine de tous ; tous les hommes, tous les êtres doués d'intelligence et de raison sont obligés de se faire petits, de se taire devant elle. Oui ! elle est la dominatrice, la pacificatrice par excellence ; et son règne est de tous les temps, de tous les lieux. C'est elle qui, en faisant respecter tous les droits, est appelée à fonder partout la paix, c'est-à-dire à la mettre d'abord dans le cœur de l'individu, à l'établir ensuite dans la famille, puis à la faire régner dans les États, et enfin à la propager, peu à peu et comme par l'effet d'une bienfaisante contagion, sur toute la surface du globe que nous habitons.

C'est donc un funeste et très-funeste principe qu'on suit,

quand ceux qui gouvernent croient qu'ils n'ont rien de mieux à faire que de se mettre à la tête des idées de leur siècle. Les tristes, les déplorables tâtonnements que nous faisons dans cette fausse voie depuis dix-huit ans, le prouvent d'une façon terriblement significative. Ce n'est pas dans la direction des idées de son siècle qu'en pareil cas il faut tâcher de marcher, puisque, comme on le disait plus haut, ces idées peuvent être fausses et mener au précipice, mais dans la direction du plan de la nature, de la volonté du suprême organisateur des choses, c'est-à-dire dans la direction de la justice, en obéissant à la justice, qui est la reine de tous, en suivant la justice qui est un guide sûr et qui seule ne trompe jamais : *Discite justitiam moniti.*

XXXIV.

89 ne s'y était pas mépris ; 89 crut à la justice et travailla à préparer son triomphe ; malheureusement on ne se tint pas assez sur ses gardes ; on manqua de précautions : l'œuvre de 89 échoua, demeura inachevée ; mais dans ce qui nous en reste, il y a pour nous et un grand enseignement, et un puissant encouragement.

89 l'avait fort bien compris : aussi, nous le voyons, l'œuvre de 89 fut avant tout une œuvre de justice. C'est et éternellement ce sera la gloire de 89 d'avoir entrepris la réparation de l'iniquité consommée pendant le cours des siècles dans la grande, dans l'importante affaire du gouvernement des peuples. C'est et éternellement ce sera la gloire de 89 d'avoir cru à la justice, d'avoir travaillé à préparer son triomphe et à hâter son retour parmi les hommes.

89 a été la première et très-glorieuse étape parcourue par nos aïeux sur la route de la justice et de la liberté. Malheureusement, dans l'ivresse que leur causa la joie de leur conquête, la joie de la victoire pacifique qu'ils venaient de remporter, ils s'abandonnèrent à l'imprudence, ils manquèrent de précaution, au point qu'ils ne remarquèrent pas assez que, dans la caravane, se trouvaient des gens mal intentionnés ou mal inspirés, qui, poussant trop loin les choses, vinrent tout à coup compromettre le succès, ou du moins le rendre pour longtemps impossible. L'œuvre de 89,

si bien commencée, resta incomplète ; la conquête demeura inachevée ; la toison d'or ne put cette première fois être dérobée à la surveillance du dragon préposé à sa garde.

Le navire qui portait les nouveaux Argonautes semblait avoir fourni la plus grande partie de sa course ; déjà il avait sans trop d'avaries franchi les passes les plus difficiles, les plus remplies d'écueils ; déjà il avait doublé les caps les plus redoutés des navigateurs, les plus célèbres par les naufrages, lorsque, profitant de la somnolence dont s'étaient trouvés pris ceux qui dirigeaient ou qui auraient dû diriger l'expédition, — comme si l'influence des latitudes intertropicales se fût appesantie sur eux — une partie de l'équipage se révolta ou plutôt se transforma en bandits de la pire espèce. Alors se déroula le drame le plus sombre, le plus triste, le plus hideux, le plus dégoûtant qui ait peut-être jamais été vu. Quelques brigands, voulant, au mépris de tous les droits, faire leur profit exclusif de ce qui appartenait à tout le monde, surprirent, tuèrent, massacrèrent à bord tout ce qui s'opposait à leurs desseins, puis essayèrent de se donner pour maîtres aux survivants, jusqu'à ce que, faute de réussir à s'entendre entre eux, ils en fussent venus à se détruire, à se massacrer, à se dévorer tous successivement les uns après les autres.

Ainsi le navire, sur lequel se trouvaient d'abord réunies, concentrées tant et de si hautes et si légitimes espérances, fut pillé, dévasté et littéralement mis hors d'état de poursuivre sa course. Devenu incapable de se gouverner, il fut pendant longtemps le jouet des vents, *ludibrium ventis....* et la proie des écueils qui se rencontraient sur son passage, mais que, démâté, désagréé comme il l'était, il ne pouvait plus éviter.

Mais si l'œuvre de 89 échoua et ne put être heureusement

achevée, est-ce que nous aurions assez peu de cœur pour voir dans un premier insuccès quoi que ce puisse être qui soit de nature à nous décourager ?... Dans ce qui nous reste de 89, il y a pour nous, au contraire, un grand enseignement et un puissant encouragement.....

Si, semblables aux Hébreux, qui avaient opéré le passage de la mer Rouge, nos ancêtres de 89 périrent dans le désert et ne purent faire leur entrée dans la Terre promise, c'est à la génération présente, si elle sait, en profitant de leurs fautes, devenir sage par la vue de leurs malheurs, qu'est réservé l'honneur et l'avantage d'achever la conquête de cette terre riche et féconde, où le lait et le miel coulent en abondance : *terram lacte et melle fluentem.....*

Ce n'est pas d'ordinaire à un premier essai qu'on voit les grandes entreprises, les entreprises qui doivent être sérieusement profitables, réussir. L'homme qui est loin d'être parfait, n'a pas pour habitude de voir du premier coup ce qui est le meilleur : presque toujours il tâtonne au commencement, puis, ajoutant ses idées aux idées de ceux qui ont pensé avant lui et tâchant de se préserver des erreurs dans lesquelles ils sont tombés, il finit par voir juste et arrive ainsi à trouver la solution du problème qu'il veut résoudre.

Ne savons-nous pas que ce ne fut point à son premier voyage que Christophe Colomb réussit à trouver l'Amérique ? Il ne fit d'abord que des découvertes plus ou moins insignifiantes, mais qui, montrant qu'on était dans une bonne voie et encourageant les premiers efforts, permirent d'aller plus loin et de réaliser enfin les espérances conçues.

Loin donc de nous décourager, reprenons, avec la ferme volonté de ne point l'abandonner, qu'elle ne soit achevée à notre avantage et à notre honneur, l'œuvre commencée par nos ancêtres et qui leur a coûté tant de sacrifices et tant d'efforts. Son inachèvement a été, est et sera pour nous une cause incessante de perpétuelles agitations. 89 nous a mis, comme on dit vulgairement, l'eau à la bouche. 89 nous a habitués à croire que nous avons droit à la liberté, et jamais la liberté n'a été clairement, catégoriquement définie ; toujours elle est demeurée dans les brouillards, dans les nuages ; toujours elle est restée à l'état de problème. Depuis 89, nous sommes dans la cruelle position de Tentale : il faut nécessairement que la tentation ait une fin ; il faut que nous sachions si nous pouvons nous fier à cet espoir de liberté qu'on nous a, pour ainsi dire, fait sucer avec le lait, ou si décidément nous devons y renoncer.

Par le besoin de liberté, qui est en nous et que 89 nous a inoculé, nous ressentons quelque chose de la peine qu'éprouvait le célèbre navigateur génois, lorsque convaincu de l'existence d'un monde jusqu'alors inconnu, il était de l'impossibilité de demeurer en repos, obsédé, tourmenté qu'il était par le besoin d'en faire la découverte.

Si nous voulons que nos recherches soient, comme l'ont été les siennes, couronnées de succès, il n'est pour nous qu'une planche de salut, qu'un moyen de réussir : ayons comme lui foi, courage, persévérance. Pour lui, en effet, rien ne peut l'arrêter dans la poursuite de son but. Rebuté d'un côté, il se retourne aussitôt d'un autre. Afin d'obtenir les secours dont il a besoin, il s'adresse au roi Jean II, de Portugal ; il s'adresse aux habitants de Gênes, sa ville natale ; il s'adresse au roi Henri VII, d'Angleterre ; mais partout on le repousse, partout on refuse de croire à ce qu'il annonce, de prendre en considération ce qu'il affirme,

XXVI.

Par le besoin de liberté, que 89 nous a fait passer dans le sang, nous sommes tourmentés, comme l'était le célèbre navigateur génois, jusqu'à ce qu'il eût enfin trouvé le Nouveau-Monde. L'heureux résultat qu'il a obtenu nous apprend à ne pas nous décourager plus qu'il ne fit lui-même, mais à organiser une expédition dans le genre de celle qu'il provoqua pendant si longtemps, à tâcher de réunir nos forces partout il est regardé comme un visionnaire. Il y avait là, ce semble, plus qu'il ne fallait pour le décourager : pas du tout, puisqu'on sait qu'après six années d'instances et de sollicitations, il lui fut enfin donné de voir ses propositions écoutées par Ferdinand et Isabelle, souverains d'Espagne, qui consentirent à lui procurer les moyens de se livrer aux explorations vers lesquelles il se sentait si irrésistiblement entraîné ; et notons que ce furent ces deux souverains qui, pour avoir été peut-être moins durs d'entendement que les autres, méritèrent de voir leurs noms participer à l'honneur de l'une des découvertes les plus vastes, les plus importantes, qui aient jamais été faites.

D'une façon ou d'une autre, organisons donc, nous aussi, une expédition, mais une expédition pacifique, dans le genre de celle que provoqua pendant si longtemps l'immortel navigateur. Formons une croisade véritablement digne du nom, celle-là ; car ce sera une croisade où il n'y aura plus à tuer, ni à détruire. Tant que nous n'aurons pas réussi, nous devrons nous en faire un reproche et croire que nous n'avons rien fait ; car, tant que la cause de la liberté n'aura pas triomphé, nous devrons dire que c'est, non sa faute à elle, puisqu'elle est bonne, radicalement et essentiellement bonne, mais la nôtre, à nous qui n'aurons pas su la présenter, la faire valoir comme il aurait fallu.

Entendons-nous donc, concertons-nous, liguons-nous, réunissons les braves, faisons appel aux preux ; tenons hauts les cœurs et les esprits, en attendant qu'un moment plus solennel encore que celui qui vit les Argonautes partir pour la conquête de la toison d'or, arrive, c'est-à-dire en attendant qu'un formidable hurrah d'encouragement salue parmi nous le départ de ceux qui voudront être d'une expédition plus brillante encore et surtout plus importante que celle qui pourtant valut à ce héros tant d'estime et tant de gloire, d'une expédition qui aura pour but d'aller explorer non pas seulement le pôle nord, comme on veut parmi nous le faire en ce moment; mais, s'il est permis de s'exprimer ainsi, le pôle intellectuel, le pivot sur lequel a lieu la partie la plus importante de la mouvementation humaine; l'axe autour duquel doivent, d'après le plan du grand organisateur des choses, se mouvoir nos volontés, afin de reprendre au point où elle est restée inachevée, et de pouvoir mener à fin, de manière qu'il n'y ait plus jamais à y revenir, la grande œuvre, l'œuvre immortelle de 89 !!!

DEUXIÈME PARTIE

Contenant l'indication de la manière dont la question de la liberté devra être enfin résolue.

C'est sur ce point que chacun devrait, ce semble, être appelé à donner son opinion, ne fût-ce que d'une façon sommaire, puisqu'on sait que déjà cela s'est fait si avantageusement par les cahiers ou chartes particulières de 89. Aussi se bornera-t-on pour le moment à ne faire en quelque sorte qu'indiquer ici les principales questions sur lesquelles il est avant tout nécessaire que l'attention se porte et que la lumière se fasse, en se réservant d'y revenir ultérieurement avec plus de détail ; puis à tâcher de faire entrevoir à l'horizon l'endroit fixe, précis, qui est, pour nous, le but à atteindre, le port de salut où nous devons nous efforcer d'arriver.

L'article 4 des principes de 89, qui est peut-être l'expression de ce que les hommes ont jamais pensé, dit et statué de plus raisonnable et de plus sage à propos de la liberté, est ainsi conçu :

« La liberté consiste à pouvoir faire tout ce qui ne nuit » pas à autrui ; ainsi l'exercice des droits naturels de chaque » homme n'a de bornes que celles qui assurent aux autres » membres de la société la jouissance de ces mêmes » droits. Ces bornes ne peuvent être déterminées que par » la loi. »

Ce texte est extrêmement précieux. Il nous montre que les limites naturelles qu'on doit assigner à la liberté sociale existent et se trouvent dans les droits mêmes des membres

Jusqu'ici nos lois, soit par la manière dont elles sont faites, soit par la mollesse avec laquelle on les met à exécution, n'ont produit qu'une mince partie de l'effet que, pour aider la liberté à se soutenir et à vivre au milieu de nous, elles pouvaient et devaient produire ; il est donc urgent, nécessaire, que cet effet devienne entier, complet, pour de la société. Le droit d'agir, qui appartient à tous et à chacun, est limité par le droit, qui également appartient à tous et à chacun, d'exiger qu'on ne leur nuise pas, qu'on ne leur porte pas préjudice.

Et la limite où le droit d'agir sera obligé de s'arrêter et de ne pas aller plus loin, parce qu'alors aurait lieu l'empiétement, la vexation, l'injustice, cette limite ne peut être établie, fixée, que par la loi. ...

Eh bien ! la détermination, ou, s'il est permis de s'exprimer ainsi, la plantation de bornes qui, aux yeux de nos ancêtres de 89, devait être faite, mais qui ne pouvait l'être que par la loi, par la justice, a-t-elle été opérée depuis ; existe-t-elle à la satisfaction générale des intérêts des membres de l'association ?.....

Sans doute, le code civil, en assurant et consacrant la propriété physique, matérielle ; en réglant les manières de l'acquérir et de la posséder ; en statuant à quelle condition chacun est maître chez soi, et par exemple en faisant connaître la distance à laquelle le voisin peut faire des plantations le long de l'héritage limitrophe et établir à son profit des vues sur celui-ci, faute de quoi le propriétaire vis-à-vis duquel on va trop loin, peut faire supprimer les vues, couper les branches et même les racines des arbres plantés ; sans doute le code civil a exécuté une notable partie de la besogne. Il a fait disparaître les inconvénients, les abus de la féodalité et ramené sous ce rapport la justice parmi nous. De sorte que l'on peut dire que, en ce qui concerne les intérêts physiques, matériels, le code civil a établi, créé l'ordre et fait la paix dans notre pays.

Chose étrange et digne de remarque ! quelques-uns crient de nos jours contre la propriété, et c'est dans la création de la propriété qu'est le commencement de la fondation de la liberté. Sans la propriété, nul n'aurait son chez soi, nul ne serait libre. Ce serait l'assujettissement de tout le monde aux caprices de tous ; ce serait le retour à la vie sauvage, à la vie des hommes végétant au fond des bois, et obligés de souffrir qu'on les vexe et même qu'on les détruise, tant qu'ils n'ont pas la force de leur côté.....

Mais l'homme ne vit pas seulement de pain. Les avantages physiques, matériels, les biens qui contribuent au bien-être du corps et qui semblent faire sa félicité, mais dont il ne peut jouir que si peu de temps, et qui, par suite, ne peuvent faire face à la vaste capacité de son cœur ; ces biens éphémères ne sont pas tout pour lui.

Nécessairement, cette partie de l'être humain, qui, quand celui-ci élève ses regards vers cette voûte lumineuse où tant de globes majestueux se meuvent depuis des milliers de siècles avec une si prodigieuse et si constante harmonie, croit qu'il y a là, dans ces régions supérieures, un père qui l'appelle à partager sa félicité, un père qui l'invite à s'élever vers lui et à tâcher de se rendre digne de son héritage, nécessairement cette partie de lui-même a aussi ses intérêts, ses droits, ses biens, ses propriétés.....

Comme cette partie de l'être humain a son existence dans un milieu, dans une atmosphère, si l'on peut parler ainsi, différente de celle dans laquelle existent les corps, ses intérêts, ses biens, ses propriétés, sont aussi différents des avantages purement matériels. Mais, pour être d'une nature plus parfaite, pour se trouver dans le domaine intellectuel et moral, ces biens n'en ont pas — de par le témoignage même de la conscience — une existence moins véritable, moins réelle, moins incontestable : croyances, sentiments religieux, principes de morale, etc., etc.

Or, ces biens qui, aux yeux du plus grand nombre, sont encore les meilleurs, parce qu'ils paraissent être et qu'ils sont en effet les plus solides, les plus durables, parce qu'ils sont les plus propres à remplir le vœu de la nature, à combler le vide du cœur de l'homme, parce qu'ils présentent la meilleure garantie pour la tranquillité des états, pour la stabilité des empires ; ces biens. qui, en définitive, sont ceux de la multitude, puisque beaucoup, hélas ! n'en ont pas d'autres ; ces biens, on le répète, qui peuvent tenir lieu de tout le reste, puisque, avec eux, on ne demande point à entrer en partage avec son voisin ; ces biens, en un mot, qui — pour employer le langage de l'auteur de l'*Esprit des Lois*, de Montesquieu, quand, livre XXV, chapitre XII, il parle de l'importance de la religion — sont pour nous tels qu'il semble qu'on ne nous laisse rien quand on nous les ôte, et qu'on ne nous ôte rien lorsqu'on nous les laisse, c'est-à-dire ces biens qui, pour nous, sont tout, auxquels nous tenons du fond du cœur, reçoivent-ils la protection à laquelle, dans notre simplicité, nous avions cru qu'ils avaient droit, et sur laquelle des promesses solennelles — faites on sait en quelles circonstances, mais tenues, remplies, exécutées on sait aussi comment — nous avaient fait croire que l'on pouvait compter ?..... En avons-nous la possession, la jouissance tranquille, paisible ? Ne sont-ils pas, au contraire, soumis à une odieuse et funeste déprédation ?.....

Si l'un de nous possède le moindre coin de terre, un champ, si minime qu'il soit, sa propriété est sacrée, inviolable : il peut y planter, semer, faire, en un mot, tels travaux d'amélioration qu'il juge convenable, et nul n'a le droit de le gêner, de le troubler dans son opération, encore moins de défaire, de détruire ce qu'il a fait. Et quand il s'agit de la culture du champ intellectuel ; si, pour satisfaire à l'obligation que la nature nous a imposée de pourvoir au bonheur de nos enfants, il nous plaît de tâcher de faire germer dans leurs cœurs les sentiments que nous sommes heureux de trouver dans les nôtres ; si, par exemple, le caprice nous prend de chercher à leur inculquer l'amour d'un gouvernement que pour la prospérité de notre pays

nous avons cru peut-être devoir aider à établir et à fonder, dès lors nous ne sommes plus libres ; sur ce terrain
nous ne sommes plus maîtres chez nous. Le premier venu
peut impunément, et sans que nous ne soyons entendus à nous
plaindre, faire irruption sur notre patrimoine et y porter la
désolation. Il peut, par une manière d'agir contraire à la
nôtre, défaire ce que nous avons fait, et, en la foulant sous
ses pieds, rendre improductive la semence que nous avons
confiée à la terre. Il peut, de sa bave impure, essayer de
salir, de polluer ce que nous respectons, ce que nous vé-
nérons, et aussi ce que nous voudrions habituer les nôtres
à respecter, à vénérer.....

Et l'on nous dit que c'est là l'essai, l'apprentissage de la
liberté ! c'est sans doute la liberté pour ceux qui veulent
faire le mal ; mais que ce soit la liberté pour ceux qui
voudraient essayer, tenter de faire le bien, c'est ce que,
avec la meilleure volonté du monde, ils auront de la peine
à croire. Peuvent-ils croire, en effet, que la ligne de démar-
cation qui, d'après l'article 4 des principes de 89, doit garantir leurs droits et empêcher qu'on ne leur nuise, existe
ou qu'elle soit respectée?.....

Aussi, de tous côtés, quel désarroi, quel trouble, quel
désordre ; on peut ajouter quel sourd mécontentement !
Aussi, parmi nous, quelle décomposition, quelle désagrégation sociale ! Par une suite nécessaire, comme tout individu qui porte encore un cœur français, voit avec douleur
la force qu'en 1852 notre pays mit entre les mains du gouvernement qu'il lui plut alors de se donner — force telle
que jamais pouvoir naissant n'en eut une pareille à son origine — aller de jour en jour en s'affaissant, en diminuant
et se détruisant elle-même !.....

Notre pays, dans l'état où il se trouve aujourd'hui, res-
semble à un individu qui n'a pas assez de caractère, assez
de force virile pour se conduire par la raison. Ce triste individu se débat contre ses passions et est emporté par

elles. Il croit être libre, parce qu'il obéit à des penchants qui le portent à se contenter, à se satisfaire. Et ce sont ces penchants qui le tyrannisent ; ce sont ces passions qui le dégradent, qui éteignent sa lumière naturelle et le rapprochent de plus en plus des animaux privés de raison, au rang desquels il ne rougira peut-être bientôt plus de se classer lui-même.

Est-ce qu'on ne s'aperçoit pas que depuis quelque temps notre pays, lui aussi, marche au pas accéléré sur la voie progressive descendante ? Est-ce qu'on ne voit pas que la débauche le gagne, que la corruption l'atteint, que le sensualisme l'étouffe et que sa lumière commence à s'éteindre ? Est-ce qu'on ne voit pas que, comme Ulysse et ses compagnons, quand ils eurent touché de leurs lèvres au breuvage empoisonné que leur présentait la magicienne Circé , il est déjà un peu, beaucoup peut-être sous l'empire de charmes, d'enchantements qui, suivant la manière de parler du bon La Fontaine, ont pour effet de métamorphoser en bêtes les humains :

    « Ils croyaient s'affranchir suivant leurs passions :
dit l'immortel fabuliste.

    » Ils étaient esclaves d'eux-mêmes...... »

Mais où donc veut-on nous mener ! où donc a-t-on la prétention de nous conduire ! On répond de l'ordre, dit-on ; mais jusques à quand ; mais pendant combien de temps ? Est-ce qu'on ne s'aperçoit pas de la marée qui monte, qui monte toujours et va bientôt tout envahir, tout emporter !....

Le vieux Saturne dévorait, dit-on, ses enfants : chez nous, le Gouvernement, par l'usage, par l'emploi qu'il fait de la force qu'il a en main, dévore ceux qui la lui procurent.....

D'un autre côté , si l'on ne craignait d'employer une comparaison qui paraîtrait peut-être claudicante et par trop triviale, on dirait qu'il joue le rôle de l'innocent et infortuné volatile qui fait éclore et nourrit dans le nid que lui-même a bâti, l'oiseau de proie qui finira un beau jour par l'avaler avec la nourriture qu'il sera venu lui apporter.....

Si l'on appuie, si l'on insiste ici beaucoup plus que d'abord on ne voulait le faire, et aussi plus qu'il ne convenait peut-être, on ne le fait qu'entraîné par la force des choses, et dans le but de tâcher de faire enfin comprendre que, chez nous, le Gouvernement se suicide lui-même, d'abord en faisant ou en laissant faire à ceux qui ont surtout contribué à l'élever sur le pavois, le plus de mal — moralement parlant, — qu'il était possible de leur faire ; puis en prenant, pour ainsi dire, en main la cause de ceux qui dès le commencement lui étaient opposés, en adoptant généralement leurs idées dans la manière de traiter les questions importantes, en se laissant conduire par ces idées, en aidant même à les développer, à les propager ; c'est-à-dire en travaillant lui-même obstinément et, comme par une sorte de fatalité, à l'extension, à l'accroissement des forces de ses adversaires.....

Pour notre malheur, pour notre grand et très-grand malheur, chez nous l'œuvre de la civilisation ne paraît encore être faite qu'à demi. Pour nous, la fondation de la liberté n'existe, grâce aux dispositions de la loi civile dont on parlait plus haut, qu'à l'étage inférieur, s'il est permis de s'exprimer ainsi, de notre édifice social, dans ce qui est relatif à la propriété matérielle. A l'étage supérieur, quand il s'agit de la protection de nos droits les plus importants, de nos intérêts les plus chers, les plus élevés, nous en sommes encore, sinon à la barbarie, à l'anthropophagie, du moins à un état de choses qui rappelle les excès auxquels se livraient anciennement les seigneurs et barons féodaux, ou, comme on l'a déjà dit, le brigandage que faisaient peser sur la civilisation, il n'y a pas encore bien longtemps, les pirates algériens.. ...

Est-ce par l'insuffisance de nos lois, est-ce par la faute

de ceux qui, ayant mission de les mettre à exécution, ne le feraient qu'à demi ; toujours est-il qu'il y a sous ce rapport une lacune considérable, qui est cause de bien des souffrances et qui a grand besoin d'être comblée.....

Dans la triste position qui nous est faite, à nous majorité, le but de l'association publique, qui, d'après l'art. 2 des principes de 89, est la conservation des droits naturels et imprescriptibles de l'homme, entre autres de la liberté, de la résistance à l'oppression, de quelque côté qu'elle vienne, soit d'en haut, soit d'en bas, ce but important, principal, ne peut être atteint parmi nous. Notre état social ne semble pas constitué d'une façon sérieuse, définitive, puisque, ainsi que l'exige l'article 16 des mêmes principes, les droits des membres de l'association ne sont pas valablement garantis...

Il est donc nécessaire que la loi continue, achève son œuvre de protection trop tôt interrompue ; il est nécessaire que, en ce qui concerne les intérêts, les droits, les besoins de la meilleure partie de l'être humain, son action produise un effet analogue à celui qu'à notre grand avantage elle a déja produit pour la délimitation et le règlement de nos droits et intérêts matériels ; il est nécessaire qu'elle fasse respecter la religion et la morale.....

Mais quoi donc ?..... Et d'où vient qu'aussitôt qu'il est question de préserver la religion et la morale des outrages qu'on leur prodigue avec tant d'inconvenance, quelques individus semblent toujours si disposés à s'effaroucher, si prompts à prendre la mouche parmi nous ?....

. Allons donc, démocrates intègres, républicains vertueux, — Car, ne vous en déplaise, et, comme le dit fort bien l'auteur de l'*Esprit des lois,* il faut être vertueux pour être bon républicain — allons donc, soyons quelque peu conséquents avec nous-mêmes ; tâchons de ne pas paraître trop effrontément mentir à nos principes, et n'ayons pas trop l'air de vouloir tyranniser les autres, en nous abritant derrière le nom de la liberté !....

Car, enfin de compte, — et c'est là un problème qu'on prend la liberté de poser devant les savants, devant les législateurs de notre époque, en leur demandant de le résoudre, parce que pour nous l'avenir en dépend — est-ce que les croyances, est-ce que les sentiments religieux, est-ce que les principes de morale ne figurent pas, au premier rang, parmi les besoins de l'être humain ?

Quand il sonde le vide de son cœur, et que, regardant autour de lui, il avise au moyen de le combler, de le remplir, n'est-ce pas toujours de ce côté qu'il est obligé de se retourner, obligé d'aller demander le dernier mot, le mot de la solution du problème ?.....

Est-ce que ce n'est pas par ces sentiments que l'homme se relève, se hausse, se grandit ?..... Est-ce que ce n'est pas par eux que, se rapprochant de son auteur, et se mettant en relation plus directe, plus intime avec lui, il se prépare et commence en quelque sorte à s'initier à la vie supérieure et immortelle qui l'attend après les quelques instants d'épreuves qu'il lui faut passer ici-bas ?.....

On aura beau faire et l'on aura beau dire, la religion et la morale n'en continueront pas moins d'être au plus haut degré, au titre le plus incontestable, dans l'ordre éternel des choses, dans le plan primitivement conçu par le grand organisateur de cet univers que nous admirons, et que jamais ni la présomption, ni la fatuité humaine ne pourront corriger ou réformer à leur gré.

Il est tout aussi naturel que l'homme ait de la religion, qu'il est naturel qu'un fils bien né soit en bonne relation avec un père de qui il tient tout et qui à chaque instant ne cesse de le combler de nouveaux bienfaits. L'homme ne doit pas plus pouvoir se passer de religion, qu'il est possible qu'un tel fils se passe de témoigner à un tel père son respect, son amour, sa reconnaissance.....

Il semble qu'il ne doit y avoir que des malheureux, que des êtres dépravés et dégénérés, à pouvoir dire que de semblables sentiments n'ont pas de place dans leurs cœurs, et aussi à pouvoir oser affirmer que pour l'homme il n'y a pas de morale, et que pour lui il est plus ou moins loisible de vivre comme vivent les sauvages et à la manière des brutes....

Faire fi de la religion, de la morale, c'est donc tout bonnement tourner le dos à la raison, au bon sens, à la nature, c'est-à-dire marcher à l'encontre de la civilisation et du progrès véritable.

Aussi, qu'on voie ce que dans tous les temps ont pensé à ce sujet tous les hommes sérieux, tous les fondateurs ou gouverneurs de peuples qui ont tenu à faire quelque chose de solide, quelque chose de durable. Qu'on voie notamment de quelle façon se comportaient à cet égard, — bien entendu avant que la corruption les eût dégradés et mis au-dessous d'eux-mêmes — les anciens Grecs, les anciens Romains, qui sont encore ici, comme en bien d'autres choses, nos véritables maîtres ; et l'on verra quelle importance il convient d'attacher à la valeur des tristes idées, des pauvres doctrines des maigres philosophes de notre époque ; et l'on verra où se trouve la terre ferme, la base solide sur laquelle il convient de bâtir ; et l'on pourra se convaincre que le but de la nature est d'édifier, non de détruire, que ce n'est jamais en corrompant les peuples qu'on peut arriver à les rendre heureux, ni les amener à être libres ; et l'on sera forcé de reconnaître que le premier devoir d'un bon gouvernement est de faire respecter la religion et la morale, tout comme il fait respecter la propriété physique, matérielle ; si — ce qui ne paraît pas facile à contester — il est vrai que le premier but de toute institution gouvernementale ait été d'empêcher les hommes de se nuire, de se faire du mal les uns aux autres, et de contraindre ceux d'entre eux qui n'auraient pas la force de le faire volontairement, de mettre à exécution ce principe fondamental, gravé par la nature dans tous les cœurs : Ne fais pas à autrui ce que tu ne voudrais pas qu'on te fît : *Alteri ne feceris, tibi quod fieri non vis...*

Les chrétiens, les catholiques, qui sont encore en grande majorité dans notre pays, ne demandent point qu'on violente la conscience de ceux qui, en fait de religion et de morale, n'admettent pas leurs idées, ne partagent pas leurs principes ; ils ne demandent point qu'on essaye encore d'en faire des hypocrites, en cherchant à leur imposer, sinon des croyances, du moins des pratiques religieuses qui ne sont pas de leur goût. Grâce à Dieu, le temps de l'inquisition est passé et déjà loin de nous ! Dans la persuasion gît tout le secret de la coercition qu'il convient ici d'employer...

Que ces gens-là donc soient libres chez eux ! S'ils sont assez malheureux pour être hors de la bonne voie, hors de leur nature, comme disent les philosophes, c'est déjà pour eux assez d'infortune, sans qu'il soit besoin de vouloir encore les tourmenter. Si, semblables à ces portions ou diminutions d'astres, à ces bolides égarés, qui errent à l'aventure dans l'immensité de l'espace, ils n'obéissent plus à l'attraction du soleil de justice qui devait les éclairer, les réchauffer, les guider dans leur marche, le meilleur vœu que nous ayons à faire, le meilleur désir que nous puissions former en ce qui les concerne, c'est que l'influence salutaire, que l'action bienfaisante de ce soleil tout-puissant, se faisant sentir sur eux d'une façon plus directe et plus intense, les ramène, elle-même, dans le sentier qu'ils n'auraient pas dû quitter....

Mais, si nous devons les laisser libres chez eux, ne

doivent-ils pas, eûx aussi, nous laisser libres de la même manière , et au moins — puisque nous formons le plus grand nombre — avec les mêmes droits à l'inviolabilité? Puisqu'ils refusent d'entrer dans l'harmonie du plan de la nature, puisqu'ils ne veulent pas, malgré les sollicitations qu'on leur adresse, se tourner vers les clartés de la vie supérieure et immortelle, que les sentiments religieux nous font entrevoir et qu'ils commencent à faire poindre devant nos yeux sur un point de l'horizon plus ou moins apparent, qu'ils restent dans les ténèbres extérieures, où il leur plaît de se reléguer, de se confiner ; mais qu'ils ne cherchent pas mal à propos à y entraîner les autres, nous, nos enfants, tous ceux qui nous sont chers !......

Que dans l'espèce de souterrain triste, sombre, froid, qu'il leur a plu de se choisir pour demeure, ils puissent digérer en paix le venin, le poison qu'ils y élaborent pour leur nourriture habituelle, on ne prendra pas ici la peine de le contester ; mais qu'ils aient le droit d'en faire déborder sur nous ce trop plein, qu'ils ont peine à contenir et dont le contact est pour nous si funeste, si préjudiciable, c'est, ce semble, une tout autre chose.....

Et lorsque, plus ou moins comparables à ces oiseaux immondes, qui souillaient, qui polluaient et gâtaient tout ce qu'on servait sur la table du roi Phinée, et dont Hercule vint enfin le délivrer, ils viennent à chaque instant jeter leurs saletés, leurs immondices sur ce que la meilleure partie de la nation respecte et vénère à juste titre, ne trouve-t-on pas qu'il y ait là un abus criant, auquel il est urgent de porter remède ?.....

Ne voit-on pas que déjà tout en souffre ; tout, jusqu'à notre sécurité, jusqu'à notre honneur national ?.....

On osera peut-être dire encore qu'il n'y a là qu'une des conséquences de la liberté qu'on est en train d'installer parmi nous. Mais, de grâce, expliquons-nous ! Quelle est

donc enfin cette liberté, s'il vous plaît! Car, avant qu'on
l'importe chez nous définitivement, on devrait, ce semble,
nous faire faire un peu connaissance avec elle. Est-ce la liberté
illimitée, où chacun, ne recevant aucune protection, est
obligé de se défendre lui-même comme il l'entend?... Il est
bon, il est même nécessaire qu'on le sache, puisqu'alors les
impôts—impôt pécuniaire, impôt du sang—n'auraient plus
aucune raison d'être.... Dans tous les cas, ce n'est pas assurément la liberté promise par l'art. 4 des principes de 89,
laquelle, ainsi que l'indique cet article, est tenue de s'arrêter, de modérer son action, de la retenir, de la réprimer
aussitôt qu'elle commence à être nuisible et à porter atteinte
aux droits des autres membres de l'association.

Se récriera-t-on contre un pareil langage ? Dira-t-on
que venir de nos jours parler de répression, c'est faire
acte de réactionnaire, de rétrograde? Mais depuis quand
donc réclamer la justice est-ce faire acte de réaction? Depuis quand peut-on être accusé de se montrer rétrograde
quand on ne fait que demander des droits égaux, une protection égale pour tous !.....

Mais à ce compte, et si l'on veut être logique, nos ancêtres étaient donc, eux aussi, des réactionnaires quand ils
détruisaient les priviléges et qu'ils serraient les pouces aux
seigneurs et barons féodaux !.....

Mais la France, elle-même, se montra donc réactionnaire,
rétrograde au dernier point, quand un beau jour il lui plût
de faire disparaître le repaire des pirates Algériens !

Loin d'être où l'on dit qu'ils sont, les véritables réactionnaires ne se trouvent-ils pas tout au contraire parmi ceux qui
voudraient nous faire rétrograder, non de quelques années
seulement, mais d'un grand nombre de siècles, en nous
ramenant en arrière au milieu des inconvénients et des
dangers de la barbarie, en voulant faire revivre au sein des
sociétés organisées les abus et la licence des temps anté-

rieurs à la civilisation, et que celle-ci a eu pour but de faire disparaître et de détruire ?.....

Ainsi donc, point de milieu ! Qu'on nous rende justice, en protégeant la religion et la morale, en ne permettant pas qu'on les outrage, qu'on les tourne en dérision, qu'on les traîne dans la boue, ou qu'on ne parle plus parmi nous des principes de 89, qu'on cesse à tout jamais de les invoquer, et notamment qu'on en fasse disparaître l'art. 4, qui veut que la loi établisse et fixe des bornes qui garantissent nos droits et empêchent qu'on ne nous nuise !.....

Au lieu de tant de ridicules essais, au lieu de tant de stériles efforts qu'on fait pour nous mener par des chemins tortueux, détournés, à une liberté fausse, trompeuse, mensongère, le moyen d'arriver directement à la vraie liberté sociale, à une liberté sérieuse, profitable, à une liberté égale pour tous, par la voie que l'on propose ici, n'est-il pas des plus faciles et des plus simples ?

Ou notre législation actuelle est suffisante pour produire et amener le résultat que l'on demande, — le respect de la religion, le respect de la morale — ou elle est insuffisante.

Si nos lois actuelles, telles qu'elles sont formulées, sont jugées suffisantes (1), qu'on les fasse tout purement et simplement mettre à exécution d'une façon consciencieuse et sans trop de mollesse. Car la loi est la garantie de tous

---

(1) Si les lois des 17 mai 1819, 25 mars 1822, ne sont pas abrogées — car dans l'espèce d'amalgame où nos lois gisent entassées pêle-mêle les unes sur les autres, il n'y a bientôt plus moyen de se reconnaître ; les morts et les vivants y ayant à peu près tous la même physionomie poudreuse, cadavérique ; si parmi nous ces lois ne sont pas tout à fait à l'état de lettre morte, il y a dans leurs dispositions plus qu'il ne faut pour amener le résultat que l'on demande. Dès lors, il suffirait de retirer du râtelier où ils semblent dormir comme de vieilles armes rouillées, les articles dont on aurait besoin ; puis, après avoir secoué la poussière qui les recouvre, de leur faire subir une fourbissure convenable, pour leur redonner un air de jeunesse et les remettre en état.

les citoyens ; elle est le mur de circonvallation qui entoure leurs propriétés, la barrière destinée à empêcher le mauvais vouloir d'y pénétrer et d'y porter le ravage et la destruction. Dès que le mur protecteur a des brèches qui ne sont pas aussitôt relevées, dès que la barrière est laissée ouverte par ceux qui sont chargés de la tenir close, le but que la civilisation avait en vue est nécessairement manqué, et ne peut être atteint.....

Aussi, on le répète sans crainte de pouvoir être valablement contredit, un gouvernement qui ne fait pas équitablement exécuter la loi, n'est pas un gouvernement libéral ; il marche non vers la liberté, mais vers le bouleversement, dont il se fait lui-même l'artisan ; il est le premier à donner le mauvais exemple, à s'afficher comme démolisseur de l'ordre social, qu'il était fait pour maintenir et faire respecter. C'est qu'un tel gouvernement ne tient pas, d'une main impartiale, égale pour tous, la balance de la justice ; il la fait pencher du côté des délinquants, et, en favorisant la licence de quelques-uns, il étouffe, il tue la liberté de tous les autres....

Si, au contraire, notre législation n'est pas au niveau des effets qu'elle doit produire, des services qu'elle doit rendre, qu'on la corrige, qu'on la réforme, qu'on la complète. On fait de nos jours assez de lois inutiles, pour ne rien dire de plus, et sur lesquelles il serait trop facile à la critique de trouver à mordre, pour qu'on ne soit pas, ce semble, en droit de demander que, de temps en temps, on en fasse au moins quelques-unes qui soient dignes de ce nom et vraiment sérieuses....

D'accord avec les rédacteurs des principes de 89, qui s'étaient sans doute inspirés de ses idées, l'auteur de l'*Esprit des lois* nous apprend, livre XI, chap. VI, et livre XII, chap. I et II, que la liberté politique, pour le citoyen, gît dans sa sûreté, ou, comme il le dit lui-même, dans cette heureuse tranquillité d'esprit qui lui vient de ce qu'il sait que, par la manière dont les choses sont arrangées, un citoyen n'a rien à craindre d'un autre citoyen.

Or, cette sûreté, cette sécurité, cette tranquillité d'esprit, qui la lui procurera, si ce n'est la justice ; d'où lui viendra-t-elle, si ce n'est de la loi équitablement mise à exécution vis à vis de tous ?

Pour qu'on ait la liberté, il est donc nécessaire, indispensable, que la loi — soit ancienne, soit nouvelle — sauvegarde efficacement tous les droits du citoyen. Si l'on veut qu'il puisse avec raison croire qu'il est en sûreté, il faut que la loi protége l'homme tout entier, au lieu de n'en protéger réellement, comme elle a fait jusqu'ici, que la moindre partie, que la partie animale ; il faut, pour se servir d'une expression qu'on a déjà employée, que ce qu'elle a fait, au moyen du code civil, à l'étage inférieur de notre édifice social, elle le fasse aussi, mais d'une façon sérieuse, à l'étage supérieur, en ce qui concerne les intérêts religieux et moraux...

De cette façon, l'édifice, déjà solide à sa partie inférieure, sera aussi solidifié à sa partie supérieure et recevra enfin ce couronnement qu'il attend depuis si longtemps, et que jamais il ne sera possible de lui procurer autrement.

Il faut qu'à l'exemple du grand organisateur des choses, quand il assignait à la mer l'espace dans lequel il lui serait permis de se mouvoir, en lui défendant de franchir les limites qu'il posait devant elle, ou quand il traçait, devant les globes célestes, l'orbite que chacun d'eux devait parcourir, mais d'où il ne devait pas sortir, de peur de troubler l'harmonie de l'ensemble, il faut que, s'inspirant de ce modèle, qui ne servira point à l'égarer, le législateur, chargé de mettre d'accord entre eux les membres de la famille sociale, tout en laissant ouverte devant chacun d'eux la voie qu'il croira devoir suivre pour atteindre le but proposé par la nature, lui indique cependant la limite qu'il ne devra pas

franchir, afin de ne pas être un obstacle à ce que les autres
— comme c'est leur droit — puissent en faire autant ; il
faut que, lui montrant clairement le point où, pour cette
cause et par ce motif, il sera tenu de s'arrêter, il lui dise
également, d'une façon catégorique et avec l'autorité du
commandement : Tu viendras jusqu'ici, mais tu n'iras pas
plus loin... ; parce qu'en allant plus loin, tu troubles l'ordre,
tu fais tort à ton pays, tu nuis à tes semblables. . . . .

. . . .

Les choses étant ainsi établies, disposées, réglées au vu
et au su de tout le monde, qui donc aurait le droit de se
plaindre ? Personne, pas même ceux dont le vagabondage
intellectuel, devenu aujourd'hui nuisible et malfaisant, serait retenu dans de justes limites.

On ne leur ferait pas de tort, selon le vœu de l'art. 4 des
principes de 89, on n'aurait fait que leur enlever un droit
qu'ils s'arrogent mal à propos et qui certes ne leur appartient pas, le droit d'empiéter sur le terrain de leurs semblables et de leur nuire.....

Quant à être libres, ils le seraient tout comme les autres
et autant qu'il est possible de l'être dans la vie sociale, où
il faut qu'on se souffre et qu'on se fasse réciproquement des
concessions ; où, comme le dit lui-même l'auteur du *Contrat social*, il est nécessaire qu'on aliène une partie des
droits qu'on tient de la nature, pour être mieux à même de
jouir de ce qu'on réserve, de ce qui reste.....

Comme membres de la société, ils posséderaient au sein
de celle-ci toute la liberté que la justice ou l'égalité des
droits des associés leur permet de réclamer. Seulement, ils
ne jouiraient plus, au détriment de la même société, d'un
droit exorbitant, abusif, qui rappelle les excès du brigandage, ou tout au moins ceux de l'ancienne féodalité. Ils
n'auraient plus, comme aujourd'hui, le droit de propager
impunément autour d'eux la contagion du mal, le droit, en

un mot, de mener directement la nation à sa ruine, à sa
perte, en l'entraînant, au moyen d'allèchements perfides,
trompeurs, dans leurs funestes égarements.....

Pour eux, la faculté de nuire aurait seule été limitée,
circonscrite ; mais ce n'est pas la liberté qui en souffrirait :
en fait de liberté, ils auraient et posséderaient tout leur dû ;
et si l'on osait affirmer qu'une telle liberté ne leur suffirait
pas, ce serait avouer qu'ils ne sont pas des êtres sociables,
raisonnables.....

Nous aussi, nous majorité, dont, en dépit des lois démo-
cratiques si souvent invoquées de nos jours, la volonté est
pourtant si peu respectée, dont on foule avec tant d'impu-
dence les principes sous les pieds, nous aurions notre part
de liberté (1), ou du moins celui de tous les abus qui a jusqu'ici mis le plus grand obstacle à ce que nous soyons libres, aurait disparu. Nous serions libres, parce que, derrière
le mur de protection que la loi aurait enfin dressé entre
nous et ceux qui nous font le plus de mal, nous n'aurions
plus à craindre leurs odieuses déprédations, parce que nous
serions en sûreté vis-à-vis d'eux. Sous le toit protecteur de
notre édifice social, qui aurait enfin reçu son revêtement
supérieur depuis si longtemps attendu, nous jouirions de
cette sécurité, de cette tranquillité d'esprit que, d'après
Montesquieu, on doit trouver dans un Etat libre : sécurité

---

(1) On ne parlera point, pour le quart d'heure, de ce qui pourtant est,
après la justice, une des premières conditions nécessaires à l'établissement
de la liberté, de ce que l'on considère comme la base sur laquelle il faut
qu'elle repose, comme la source d'où elle doit sortir ; on veut dire de l'instruction publique, de l'enseignement, sans doute surveillé, encouragé par
l'Etat, mais libre à tous les degrés ; parce que l'enseignement donné par
l'Etat, payé par lui, avec l'argent des contribuables, serait encore le gouvernement personnel avec sa marche tâtonnante, incertaine. Ce serait encore
l'arbitraire avec les abus, avec les priviléges et les mécontentements qui en
découlent : sur un pareil sujet, il y aurait trop à dire pour qu'il soit possible de l'aborder ici.

qui est sans contredit un des plus grands biens, un des avantages les plus importants que la civilisation connaisse et qu'elle puisse procurer, puisque, d'un côté, elle est pour le citoyen la preuve, le gage, on dirait presque la mesure de la liberté dont il jouit, et que, de l'autre, elle est, pour celui qui gouverne, le moyen le plus naturel, le plus sûr, le plus infaillible d'attirer à lui les cœurs de ses administrés, de les gagner, de se les assujettir et d'en faire, comme on a déjà dit, véritablement la conquête.....

Ainsi donc, et par un moyen bien simple, par une égale protection et des intérêts matériels, et des intérêts religieux et moraux, c'est-à-dire par la protection de l'homme tout entier, la liberté, ou, ce qui au fond est la même chose, d'après l'auteur de l'*Esprit des lois*, la sûreté serait procurée, garantie à tout le monde. Ainsi tous les membres de l'association seraient libres, autant bien entendu que peuvent l'être entre eux les membres d'un corps organisé, les parties d'un même tout ; autant, par exemple, que le sont les uns vis-à-vis des autres les membres qui entrent dans la composition du corps de l'homme. Car, s'il était permis de rappeler ici l'apologue de Menenius Agrippa, ne serait-ce pas le cas de dire que cet apologue — en lui faisant subir une légère modification — aurait dû, depuis longtemps déjà, nous avoir fait comprendre ce que doit être la liberté que nous cherchons ?

Ces membres, en effet, qui dans l'organisme humain ont tous leur destination, qui occupent leur place respective, où, d'après la nature, ils jouissent de leur liberté, mais où, en fonctionnant, et pour leur bien propre et pour celui du corps entier, ils sont néanmoins dépendants les uns des autres, dépendants surtout de la tête, à laquelle tous doivent obéir et qui doit elle-même obéir à la raison, ne nous offrent-ils pas le modèle, le type de la seule liberté qui soit possible, praticable entre ceux qu'on est convenu d'appeler les membres du corps social?.....

Si, comme dans la fable, un ou plusieurs d'entre eux se mutinent, ne veulent plus agir ou agissent à contre-sens ; si, en refusant de remplir leur rôle, ils arrêtent ou paralysent le fonctionnement régulier du mécanisme, n'arrivera-t-il pas bientôt que tout le corps en souffrira, et que les mutins eux-mêmes seront, peut-être les premiers, victimes de leur fausse manière de comprendre leur intérêt? En proie à l'erreur, égarés par le préjugé, n'auront-ils pas déjà cessé d'être libres ; ne seront-ils pas devenus un danger et pour eux et pour le corps entier ?... Dès lors n'est-il pas du devoir de la puissance régulatrice de les ramener à l'ordre, et, pour employer encore ici l'expression de l'auteur du *contrat social*, de les forcer d'être libres?....

Oui ! par le plus simple de tous les moyens, par le plus honnête, par le plus avouable et le plus irréprochable de tous les procédés, par l'emploi naturel, obligé, nécessaire, indispensable, que, — à moins de vouloir contraindre à ce qu'on le méprise, — tout Gouvernement doit faire de la force qui lui a été confiée, en un mot par une équitable distribution de la justice, tous seraient libres, non à la manière des sauvages, qui, paraît-il, n'était pas sans inconvénients, puisque depuis assez longtemps déjà on lui a préféré la civilisation ; mais comme il convient que, pratiquant entre eux la liberté des êtres raisonnables, des hommes, qui, après s'être réunis, associés pour être mieux à même de se protéger, d'assurer leur bien-être, montrent qu'ils sont capables d'exécuter, loyalement et sans se porter préjudice, les conditions de leur association !....

Avec cette liberté mâle, virile, fortifiante, l'avenir de la société ne serait plus à chaque instant mis en question, et cela à propos de tout et à propos de rien, c'est-à-dire pour des causes minimes, futiles, insignifiantes ; le char gouvernemental ne serait plus, comme aujourd'hui, exposé à être arrêté, renversé même , au premier achoppement venant à se rencontrer sur sa route.....

Tout au contraire, la sécurité régnant du haut au bas et du bas au haut de notre édifice social, l'ordre enfin se trouverait fondé d'une façon sérieuse, définitive. Le brigandage, qui, pour nous, a disparu du monde physique, aurait aussi disparu du monde intellectuel et moral, où il a continué jusqu'ici à se tenir réfugié comme dans ses derniers retranchements ....

Les chefs de bandes, les guerroyeurs de profession, qui, comme les anciens condottières, exercent encore sur ce terrain leur déplorable industrie, seraient réduits à l'impuissance. Grâce au pas en avant qui aurait été fait, grâce au progrès qui aurait été accompli, ils se trouveraient rejetés bien loin en arrière. Ils ne seraient plus de leur temps : leur triste métier n'aurait plus de raison d'être.....

Les partis qui font aujourd'hui tant de mal à nos sociétés, qu'ils divisent et qu'ils affaiblissent, auraient enfin reçu leur coup de grâce. Devant la justice, ils auraient subi le sort que subirent autrefois, devant la civilisation, les petits États du moyen âge, quand ils disparurent pour se fondre en ce que nous appelons les grandes nations modernes....

Le parti dominant, le parti de la justice attirerait à lui, absorberait tous les autres. C'est que la justice, la dominatrice naturelle des êtres raisonnables, la reine de tous mortels et immortels, comme dit Plutarque lui-même au traité ayant pour titre : *qu'il est requis qu'un prince soit savant*, est aussi pour tous la plus équitable et la plus sûre protection. Sous son égide, tous trouveraient des garanties qu'il n'est pas possible de rencontrer ailleurs.....

Les gouvernants eux-mêmes, n'étant plus que les ministres, les exécuteurs des volontés de cette très-haute et très-

puissante souveraine ; et , par respect , marchant non plus
avant , mais derrière elle , seraient efficacement garantis,
protégés par elle. Ils jouiraient, eux aussi, d'une sécurité
qu'ils n'ont guère été jusqu'à ce jour à même de connaître.
Il leur serait facile d'être en sûreté , parce qu'il leur serait
facile de ne plus donner lieu aux plaintes , aux récriminations, aux reproches : ce qui , avec un système gouvernemental dans lequel entre plus ou moins l'arbitraire , est,
comme on sait, chose à peu près impossible...

Si , de nos jours , les gouvernements ne créent pas eux-
mêmes intentionnellement les oppositions , n'est-il pas vrai
de dire que ce sont eux qui , à peu près toujours , donnent
à ces oppositions leur raison d'être, et qui font la force des
partis ? En ne rendant pas à chacun , d'une façon sérieuse,
la justice qui lui est due, en ne lui accordant pas la protection à laquelle il a droit, n'autorisent-ils pas les attaques
qu'on dirige contre eux ; n'amènent-ils pas inévitablement
dans l'Etat la scission qui le désole ? Ne font-ils pas que
bientôt on ne les estime plus intérieurement, et que peu à
peu on se détache d'eux , pour aller grossir le nombre des
mécontents ; tandis qu'avec la justice, personne ne se trouvant lésé, blessé, personne n'aurait à se plaindre ?...

Si , en suivant cet ordre d'idée , on voulait chercher la
cause du singulier revirement qui, depuis 1852, s'est opéré
parmi nous dans l'opinion publique, il ne serait peut-être
que trop facile de la trouver...

Le grand avantage du mode de solution que l'on propose,
serait donc de consolider l'ordre et d'établir les meilleures
garanties possibles de confiance réciproque, de paix, de sécurité, à tous les degrés de l'échelle sociale...

Par ce moyen , tous seraient en sûreté , gouvernants et
gouvernés ; tous seraient libres, socialement parlant, libres
de par la justice...

Tous seraient libres !... et la faculté d'agir n'ayant pour chaque membre du corps social d'autre limite que l'obligation de ne pas empiéter sur les droits de ses voisins, de ne pas leur porter préjudice, l'activité individuelle conserverait toute sa force d'expansion pour ce qui, raisonnablement, a pu et dû être l'objet de l'association humaine, c'est-à-dire pour la perpétration du bien, puisqu'il n'est pas possible de dire qu'une société avouable ait pour but de favoriser le mal...

De cette façon, le droit de nuire se trouvant seul restreint, retenu dans les bornes que la civilisation a pour objet de ne pas lui laisser franchir, nous aurions tous les avantages de la liberté, sans en avoir, comme aujourd'hui, le relâchement, la débauche. Dès lors, le bien public et le bien privé arriveraient, pour ainsi dire, naturellement à un degré d'élévation qu'il ne leur a pas été jusqu'ici possible d'atteindre.

Comme il n'y aurait plus, dans un même Etat, plusieurs Etats se déchirant et cherchant réciproquement à se supplanter, les forces vives de la même nation ne seraient plus paralysées, détruites les unes par les autres. Ce que chacun ferait pour son bien particulier, deviendrait de sa part un apport à la prospérité commune. Si tous les efforts n'avaient pas, dans leur principe, le même mobile, ne partaient pas de la même source, la justice les ferait néanmoins tous converger vers le même but. Comme des racines venant de côtés opposés et tirant leur sève des couches de terrain de nature et qualité différentes, dans lesquelles elles vont plonger aux environs, tous contribueraient à procurer au même arbre sa nourriture et sa force vitale.....

Ainsi assujetties à une réglementation saine, fortifiante, qui aurait pour effet d'obliger à ce qu'on se conduise, non pas uniquement par la passion, mais aussi par la raison, les sociétés humaines se trouveraient enfin placées sur la voie du véritable progrès et n'opéreraient plus elles-mêmes la désagrégation des éléments de leur vitalité.

Notre belle France, notamment, en sa qualité de porte-flambeau de l'humanité, pourrait continuer à marcher en avant vers ses hautes et nobles destinées. On ne la verrait plus à la voix de demi-savants qui la trompent, de faux prophètes qui l'égarent, donner au monde le triste spectacle d'un grand peuple qui — comme s'il manquait de cœur et n'avait plus le courage de se tenir debout sur la voie de la civilisation — semble de temps en temps vouloir revenir en arrière vers les jouissances grossières de la vie sauvage qu'il avait depuis longtemps reléguées au second rang, à peu près comme les Hébreux dans le désert, quand, au lieu de marcher résolûment vers leur terre de promission, ils murmuraient contre leurs chefs, au souvenir des légumes et des viandes d'Egypte.

Tous seraient libres !... par conséquent, nous pourrions avec quelque chance de succès — du moins, sans avoir la douleur de voir que quand nous cherchons à édifier, d'autres mettent la main à l'œuvre pour renverser et démolir — nous pourrions essayer d'inculquer à nos enfants les senti-ments que l'expérience par nous acquise nous montre comme les plus propres à faire d'eux, d'abord des enfants soumis, obéissants, respectueux, plus tard de bons pères, de bonnes mères de famille, et aussi, pour le gouvernement de leur pays, des sujets fidèles, des citoyens solides, et sur lesquels on aurait droit de compter : résultats qui ne pa-raissent pas sans importance, mais que, avec l'espèce de liberté bâtarde, dissolvante, corruptrice, aux allures de laquelle on cherche à nous habituer en ce moment, on ira en obtenant toujours de moins en moins, comme déjà l'ex-périence ne l'a malheureusement que trop démontré.

Tous seraient libres !.... Mais la liberté ayant cessé d'être la licence et la débauche, aurait aussi cessé d'être nuisible, dangereuse, malsaine. Elle ne serait plus une sorte de trompe-l'œil, mis en avant avec plus ou moins d'adresse par le mauvais vouloir, pour recéler, au détriment des gens simples et honnêtes, un véritable guet-à-pens ; elle ne produirait plus, sur un grand nombre d'esprits, l'effet d'un épouvantail : tous ceux qui la redoutaient auparavant, seraient forcément réconciliés avec elle ; car alors vive la liberté voudrait dire véritablement vive l'ordre, vive la paix, vive le respect des droits de tous et de chacun.

Pour notre pays, la liberté serait devenue la femme sage qui édifie, qui fait elle-même sa maison ; elle ne serait plus, comme aujourd'hui, la femme folle qui renverse, qui détruit de ses mains la maison qu'elle avait trouvée toute faite....

Nos prétendus démocrates, nos soi-disants libéraux avancés seraient eux-mêmes forcés de se dire qu'ils font fausse route, et que, semblables aux membres révoltés contre l'estomac, ils comprennent tout de travers les intérêts particuliers de chacun d'eux et ceux du corps entier dont ils font partie.......

Témoins des avantages que présenterait un état de choses où tous les droits seraient respectés, et contraints par cette vue de reconnaître que, dans l'association politique, et le nom qui a pu être donné à celle-ci, et la forme administrative ou gouvernementale qu'on lui a fait prendre, et la personnalité de celui ou de ceux qui ont été chargés d'en faire exécuter les conditions, ne sont rien, absolument rien, mais que la justice est tout ; ils ne pourraient plus continuer à se tenir avantageusement à l'écart, derrière les qualifications — assez peu patriotiques du reste — d'*implacables,* *d'irréconciliables,* ou autres analogues, à l'aide desquelles ils ont, par instants, le bon esprit de prendre soin de se recommander à l'attention publique.

Ayant contre eux l'inexpugnable, l'inattaquable justice, ils seraient sans force devant elle. Ils se sentiraient désarmés, déconsidérés. Ils n'auraient plus ni le poids, ni la consistance d'opposants sérieux.....

D'eux-mêmes, ils reviendraient à l'ordre, qui est l'état normal des choses ; d'eux-mêmes, ils rentreraient dans le devoir, comme les Romains égarés et déjà réfugiés sur le mont sacré firent jadis à la voix de Menenius Agrippa.....

Ainsi, la justice, reine de tous, bien que s'imposant à tous, se ferait néanmoins accepter volontairement par tous, et ferait disparaître nos dissidences sociales au profit de notre union, de notre force, de notre prospérité nationale.

Ainsi, en redescendant sur terre et en venant de nouveau faire, comme aux temps primitifs, son séjour parmi les hommes, la vraie justice y ramènerait avec elle la vraie liberté sociale, et, autant que possible, la félicité publique.

Car, en dernière analyse, la liberté, quand on vit en société, c'est la justice ; et la justice, c'est la liberté. On peut ajouter que ce serait aussi la paix ; la paix d'abord au sein de chaque Etat ; puis, quand on saurait appliquer le principe en grand, la paix entre les différents peuples....,

En attendant, ce serait, pour nous, le couronnement régulier, naturel, grandiose de notre édifice social : couronnement qu'on met au défi de trouver ailleurs que dans la justice.....

. . . .

Encore une fois donc, ô législateurs, ô gouverneurs de peuples, ne tournez pas le dos aux avertissements que le passé vous met devant les yeux ; faites, mais faites sérieusement votre étude de la justice, et tâchez de l'appliquer à la satisfaction de vos subordonnés ; car là et là seulement se trouvent la liberté, la paix, le salut de tous.....

Si vous désirez que les populations vous bénissent, qu'elles tiennent à vous, qu'elles s'y attachent, n'ayez pas l'air de trop pencher du côté de ceux qui leur font le plus de mal, de faire cause commune avec ceux qui tendent à détruire en elles les sentiments qui font leur consolation dans le présent, leur espoir pour l'avenir.....

Ne les affligez pas ; ne les désolez pas ; ne les désespérez pas, en vue de plaire à quelques individus, heureusement peu nombreux encore, relativement, dans notre beau pays.

Si vous voulez qu'on vous soutienne, ne poussez pas vous-mêmes à la désagrégation des premiers éléments constitutifs de la force qui vous a faits ce que vous êtes. Mais, en rendant justice à tous, faites que chacun ait lieu d'être content sous votre administration : faites qu'il y trouve sûreté, protection, pour lui, pour ce qu'il possède, pour tout ce qui lui est cher ; et cela, quelle que soit à vos yeux — peut-être moins clairvoyants que les siens — la valeur intrinsèque de tel ou tel objet qu'il estime tant, auquel il tient si fort.....

Donc, en tout, avant tout, consultez et pratiquez la justice !.....

Pour votre bonheur et pour le nôtre, n'oubliez jamais que, suivant un mot célèbre d'Agésilas, roi des Lacédémoniens, parmi ceux qui gouvernent, le plus juste est le plus grand, le plus fort, le plus puissant.....

A lui est réservée la conquête suprême, définitive, celle qui fixe le sort et fait la valeur de toutes les autres, on veut dire la conquête des intelligences, précédant, préparant et amenant celle des cœurs.....

Somme toute : faites régner la justice, et nous serons tous libres, et notre édifice social aura enfin reçu le couronnement désiré.....

Discite justitiam moniti, et non temnere divos.....

Angers, imp. E. Barassé

9 782019 694562